VIE DE M. NICOLAS,

CURÉ DE SAINT-BAUDIER

(Diocèse de Metz).

Nous pensons que les fidèles, et en particulier le vénérable clergé de ce diocèse, nous sauront gré d'avoir préservé de l'oubli la vie édifiante et la mort glorieuse de M. Nicolas, curé de Saint-Baudier. Cette courte et simple histoire, écrite à notre prière avec autant d'onction que d'élégance, offre un beau modèle du zèle pastoral, ainsi que de la fermeté de foi et du courage chrétien qui, dans les jours d'épreuve, doivent distinguer tous les fidèles, mais surtout ceux qui, en leur qualité de ministres de Jésus-Christ, sont obligés d'être leurs guides et leurs modèles.

A Metz, en la Fête de tous les Saints, 1er novembre 1860.

† PAUL, *Evêque de Metz.*

VIE

DE

M. NICOLAS,

CURÉ DE SAINT-BAUDIER

(Diocèse de Metz),

Mis à mort pour la foi pendant la Révolution.

> Je suis le bon Pasteur : je connais mes brebis, et mes brebis me connaissent....
>
> Le bon Pasteur donne sa vie pour ses brebis....
>
> (St JEAN, ch. X.)

METZ,

TYPOGRAPHIE DE ROUSSEAU-PALLEZ, ÉDITEUR,

Imprimeur de Monseigneur l'Evêque,

Rue des Clercs, 14.

—

1861.

INTRODUCTION.

La révolution de 1789, quelque opinion qu'on s'en forme, et de quelque côté qu'on l'envisage, a eu pour effet incontestable de juger les hommes et de dessiner les caractères. Aux lueurs sinistres de la tempête, le fond des cœurs s'est révélé, les grandes et les petites âmes ont paru ce qu'elles étaient. Tel qui n'eût été, dans un temps de calme, qu'un magistrat honorable, un militaire estimé, un prêtre irréprochable, prenant tout à coup son essor, s'est élevé, en face du péril ou de la mort, à la hauteur des héros et quelquefois des martyrs.

Mais si cette observation est vraie en général, elle est vraie surtout dans son application spéciale au clergé. Tandis que de lâches défaillances et de criminelles apostasies semblaient, en contristant l'Église, justifier le ciel des rigueurs exercées par la révolution contre le clergé de France, les cachots, les pontons, les échafauds voyaient briller d'incomparables vertus, qui, nées dans le sein de ce même clergé, mais jusque-là ignorées ou méconnues, rappelaient, dans leur sublimité douloureuse, les gloires les plus pures des premiers siècles chrétiens.

Or, il y eut de ces âmes glorieuses à tous les degrés de la hiérarchie, depuis les évêques des siéges les plus éminents, jusqu'aux simples vicaires des plus modestes paroisses, jusqu'aux membres obscurs des plus pauvres communautés. Mais peut-être, parmi cette foule de saintes immolations, en est-il peu qui aient honoré le clergé tout entier, et particulièrement le clergé vénérable de nos campagnes, à l'égal de celle dont on va lire le récit. Il en est peu, du moins, selon toute apparence, dont le souvenir se soit conservé avec une aussi heureuse abondance de détails intéressants et précis, et qui puissent, à autant de titres, inspirer une noble, une courageuse émulation.

Chargé du gouvernement d'une des plus petites paroisses du diocèse de Metz, M. Nicolas, mort pour la foi vers la fin du dernier siècle, a laissé dans le pays une réputation de sainteté qui n'attend peut-être, pour devenir populaire, qu'un tableau fidèle de son édifiante vie et de sa mort plus édifiante encore.

Déjà deux évêques, successivement, ont pris soin de ses précieux restes. Monseigneur Du Pont des Loges, en dernier lieu, ne se bornant pas à en faire opérer solennellement la translation au centre même de la paroisse que ce saint prêtre avait administrée avec un si profond sentiment des grands devoirs du sacerdoce, a exprimé le désir qu'on recueillît, avant qu'ils fussent perdus sans retour, les documents et les traditions qui pouvaient servir un jour à perpétuer une si glorieuse mémoire.

C'est à ce pieux désir, dont le respect et l'affection faisaient un ordre pour ceux auxquels il s'adressait, qu'est dû le récit qui va suivre. Monument sans nom, il n'est l'œuvre de personne, et il est l'œuvre de tout le monde. Chacun a voulu y apporter sa pierre, comme on faisait à ces chapelles des vieux temps, dont l'architecte même demeurait inconnu. Mais si Dieu y donne sa bénédiction, il suffit. Ce travail n'a été entrepris que pour sa gloire, et il y contribuera d'autant plus sûrement qu'il sera plus humblement l'expression anonyme des vœux, des pensées et des souvenirs de tous.

Non nobis, Domine, non nobis, sed nomini tuo da gloriam super misericordiâ tuâ et veritate tuâ !

VIE
DE M. NICOLAS,
CURÉ DE SAINT-BAUDIER.

CHAPITRE PREMIER.

Naissance de M. Nicolas. — Son éducation. — Il est dès sa jeunesse ce qu'il sera toute sa vie. — Lettre à un de ses frères.

Nicolas (Antoine) naquit à Vatimont, village de l'ancienne province des Trois-Évêchés, à 25 kilomètres de Metz, le 22 septembre 1744, et fut, suivant l'usage, baptisé le même jour. Il était l'aîné de trois fils que sa mère avait eus d'un premier mariage; mais le père de M. Nicolas étant venu à mourir, sa veuve épousa en secondes noces M. Mussot, de qui elle eut trois filles. L'aînée de celles-ci mourut, dans un âge assez avancé, sœur de Saint-Vincent de Paul et supérieure de l'hôpital de Bon-Secours ; la seconde se maria, et fut la mère de M. l'abbé Point, curé d'Arriance ; la troisième, nommée Marianne, demeura avec son frère, le curé de Saint-Baudier, et lui survécut de quelques années. Nous ne savons rien touchant ses frères, sinon que l'un d'eux étant allé habiter Paris, entretenait de cette ville avec notre saint prêtre une édifiante correspondance qui ne put que l'affermir dans les voies du salut. Mais les détails qui précèdent nous font suffisamment juger que M. Nicolas appartenait par la naissance à l'une de ces familles patriarcales, comme on en trouve encore quelques-unes dans le pays, où l'honneur se transmet traditionnellement avec la foi, et où se recrutent, de générations en générations, le sacerdoce et la vie religieuse. Simples cultivateurs, ils paraissent avoir été, quant à la fortune, dans cet état d'heureuse médiocrité qui ne met à l'abri du besoin qu'à la condition rigoureuse du travail et de l'économie. Ils purent donner quelque éducation à leurs enfants, et leur laissèrent en mourant un modeste patrimoine, qui ne tarda pas à devenir, presque en totalité, celui de Dieu et des pauvres.

Dès avant l'âge de quatorze ans, Antoine Nicolas, dont la première jeunesse nous est peu connue, manifesta une inclination très prononcée pour l'état ecclésiastique. A ses instances réitérées pour qu'on lui procurât les moyens de suivre ce qu'il appelait déjà sa vocation, ses parents, soit par manière d'épreuve, soit pour quelque autre motif, opposaient obstinément l'insuffisance de leurs ressources et les besoins multipliés de leur nombreuse famille; mais l'enfant ne perdait pas courage.

— Vous ne pouvez pas, leur dit-il enfin, m'envoyer et m'entretenir au séminaire; eh bien! j'irai et je m'y entretiendrai moi-même. Je vais aller par les villes et par les villages demander aux gens de quoi pourvoir aux nécessités de mes études pour devenir prêtre, s'il plaît à Dieu. Si je ne parviens pas à réunir la somme nécessaire, je croirai que Dieu même s'oppose à mon dessein, et j'y renoncerai ; mais jusque-là j'y persisterai, avec sa grâce, parce que je me sens appelé.

Cette étrange résolution, où l'on pourrait soupçonner un certain enfantillage si elle avait été conçue par tout autre que le jeune Nicolas, vainquit la résistance de ses parents, et en obtint les sacrifices réclamés par le long et dispendieux noviciat du saint état qu'il ambitionnait. On ne tarda point à reconnaître, par la conduite exemplaire du jeune lévite, qu'il ne s'était pas trompé, et qu'il était bien effectivement où Dieu le voulait.

Ce fut au séminaire de Pont-à-Mousson, cette ancienne ville des bonnes études, que M. Nicolas fit, du moins en partie, son cours d'études cléricales. Durant les vacances, qu'il passait à Vatimont dans sa famille, il suivait ponctuellement la règle du séminaire. Levé régulièrement à cinq heures, il ne sortait de la maison que pour aller entendre la messe. Une de ses sœurs, *profitant de cette courte absence,* lui portait dans sa chambre son déjeûner, qu'il donnait secrètement le vendredi et le samedi au premier pauvre qu'il rencontrait. C'était déjà, comme on le verra plus tard, l'austère et chaste curé de Saint-Baudier, plaçant sa vertu sous la garde vigilante d'une prudence qu'on pourrait regarder comme excessive et superflue, si elle n'était hautement justifiée par l'exemple de tous les saints. Mais la lettre suivante, dont nous ne donnerons que des fragments, en nous le montrant sous un autre aspect, prouvera plus éloquemment encore que ces âmes fortement trempées auxquelles la Providence réserve un rôle dans le monde, sont de bonne heure tout ce qu'elles doivent être, et font en petit dans leur jeunesse ce qu'elles feront un jour en grand quand elles auront été mûries par l'âge et l'expérience.

Cette lettre, datée de Pont-à-Mousson, est adressée à celui de ses frères qui habitait Paris : « Mon cher frère, lui dit-il, dans ma dernière lettre je vous ai entretenu du bon usage du temps comme d'une chose extrêmement précieuse. C'est en effet le prix du sang d'un Dieu ; nous ne méritons de vivre que parce que Jésus-Christ est mort pour nous. C'est le prix de l'éternité, et nous ne méritons la vie éternelle qu'en raison du bon usage que nous aurons fait de la vie présente. Or, en quoi consiste cet usage ? Comment profiter du temps ? Ce sont les *nouvelles* que je veux vous raconter, et dont je vous prie de permettre que je vous entretienne aujourd'hui. »

Après quelques réflexions sur l'aveuglement des insensés qui consument leur vie à la poursuite des biens périssables, le jeune théologien ajoute : « Le chemin du ciel est difficile, on est en danger de le quitter ; il est glissant, et il y a péril de s'égarer dans une infinité d'autres qui le coupent et le traversent. Il est semblable à une planche sur l'eau, d'où l'on tombe infailliblement si l'on ne se tient ferme. La porte étroite par laquelle Jésus-Christ nous dit d'entrer, c'est une vie chrétienne et mortifiée. Il nous dit d'entrer par cette porte étroite, et non par la porte large; et il ajoute que beaucoup tâcheront d'y entrer et ne le pourront. Pourquoi cela? Parce qu'ils n'auront pas été assez fidèles, assez constants, et qu'ils seront tombés dans la tiédeur et la négligence, ne pratiquant pas toute la loi, ou ne la pratiquant pas *jusqu'à la mort.* N'est-ce point en cela, mon frère, que nous reconnaissons la vérité de cette autre parole de Jésus-Christ, qu'il y aura peu d'élus, c'est-à-dire peu d'hommes sauvés? S'il en coûte tant pour arriver au ciel, et si l'on voit si peu de gens qui aient une volonté entière et efficace de travailler sérieusement à leur salut, il n'est pas étonnant que le nombre des prédestinés soit, en comparaison des réprouvés, comme les fruits d'un arbre après qu'il a été secoué, ou comme les raisins d'une vigne après la vendange. . . . .

» Vous serez sans doute étonné de ce que je vous occupe de morale tandis que je devrais vous donner des nouvelles du séminaire ou de *chez nous ;* mais vous saurez que je ne suis pas fort empressé d'apprendre des nouvelles. Je ne suis pas du monde, et comme la bouche parle de l'abondance du cœur, et que mon cœur est à Dieu, je ne puis plus avoir de plaisir qu'à parler de Dieu. Il ne faut pas cependant vous imaginer trouver dans ma personne quelque chose de plus que ce que vous y trouviez il y a un an ou deux ; car si vous passiez seulement deux jours avec moi, vous seriez peut-être bien étonné et bien scandalisé d'observer tant de différence entre ma morale et ma conduite. Autre est ce que je dis, et autre ce que je fais. Je suis toujours aussi incapable, aussi pauvre, aussi faible, aussi méprisable que j'étais autrefois. Dieu veuille seulement que je lui sois agréable, et je suis content. Ma conscience me rend témoignage que je fais ce que je peux pour acquérir les qualités nécessaires dans l'état auquel je me destine, et *j'espère que Dieu me les donnera, ou qu'il me délivrera de cette vie.* Ou enfin, pour suivre ma vocation, peut-être embrasserai-je l'état religieux, car je ne vois point d'autres desseins de Dieu sur moi, et je suis prêt à prendre l'un de ces trois partis aussitôt que sa sainte volonté se déclarera, quoique mon inclination soit de persévérer dans celui où je me trouve.

» On se porte bien chez nous. Je crois qu'ils vous écrivent, puisqu'ils ne m'ont pas chargé de le faire pour eux. Du reste, je ne reçois pas fort souvent de leurs nouvelles. Ma sœur Marguerite m'annonce qu'elle a dessein d'entrer dans un couvent, mais je lui conseillerai de ne pas le faire sitôt, et de prendre bien ses mesures auparavant. »

Nous n'avons pas reculé devant la longueur de ces citations, où se montrent déjà, avec la candeur de la jeunesse, l'inébranlable foi, les principes solides, l'humilité profonde qui doivent inspirer et diriger M. Nicolas dans toutes les situations de sa vie. Cette lettre, d'ailleurs, où il adresse à son frère, en guise de *nouvelles*, des considérations si chrétiennes sur le bon usage du temps, prélude tout naturellement à cette longue suite d'épîtres vraiment apostoliques par lesquelles il s'efforcera un jour de préserver son troupeau de la contagion. Déjà il n'a de bonheur qu'à parler de Dieu. Qu'il écrive à son frère, à ses amis, à ses paroissiens, Dieu seul sera l'objet de l'entretien, parce que *la bouche parle de l'abondance du cœur;* et quant aux nouvelles, étranger désormais aux futilités qui amusent le monde, il n'en sait plus d'autre que celle qui a été annoncée aux bergers par les anges dans les prés de Bethléem.

C'est donc bien déjà le curé de Saint-Baudier. Arbrisseau vigoureux, planté dans une terre forte, il croîtra, toujours semblable à lui-même, et donnera dans la saison les fruits de son espèce : le jeune homme nous répond de l'homme fait. Mais soyons, comme lui, économes du temps, et hâtons-nous de le suivre dans la sainte carrière après laquelle il avait tant soupiré, et qu'il a depuis si généreusement parcourue.

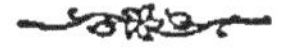

CHAPITRE II.

M. Nicolas, ordonné prêtre, dessert successivement plusieurs paroisses. — Mis en possession de la cure de Saint-Baudier, il travaille de ses mains à la construction du presbytère; il cultive ses champs et bat son blé. — On le traite de fou. — Il fait pratiquer une porte dérobée dans le mur de son jardin.

Admis au sous-diaconat le 21 mars 1770, et au diaconat le 22 septembre de la même année, M. Nicolas fut enfin ordonné prêtre le 21 septembre de l'année suivante, étant alors âgé de 27 ans. Ses premières fonctions furent celles de vicaire-résident à Han-sur-Nied; mais il ne fit vraisemblablement que passer dans cette paroisse, car, dès le mois de novembre suivant, nous le voyons gouverner, en qualité de curé-vicaire, celle de Haumont-lès-Lachaussée, où il demeura jusqu'au mois de février 1783, c'est-à-dire environ onze à douze ans.

Quatre ans avant d'en sortir, il y avait fait construire à ses frais un presbytère, dont il fit don ensuite à la paroisse. Il y laissa, en se retirant, cette réputation de sainteté qu'il a laissée partout. Une femme de l'endroit, âgée de 86 ans, et qui en avait 15 ou 16 du temps de M. l'abbé Nicolas, interrogée sur ce qu'elle pouvait se rappeler de son ancien pasteur :

— Que voulez-vous que je vous dise, répondit-elle, *c'était un saint.*

Puis, prenant son livre d'office, elle y montra plusieurs pages écrites de la main même de M. l'abbé Nicolas. C'étaient autant de feuillets du livre, usés et déchirés, qu'il avait eu l'obligeance de remplacer ainsi : touchant témoignage de son zèle et de sa bonté. Aussi avait-il là des amis, comme il en avait en beaucoup d'autres endroits, et pendant les mauvais jours il y trouva plus d'une fois un asile sûr et une courageuse hospitalité.

Ce fut au printemps de cette même année 1783 que M. Nicolas vint à Saint-Baudier. La cure de cette petite paroisse, devenue vacante par la mort du titulaire, ayant été mise au concours suivant l'usage du temps, M. l'abbé Nicolas l'emporta sur tous ses concurrents, et se disposa à prendre possession de ce nouveau poste, qu'il ne connaissait pas.

Saint-Baudier, ou plutôt Thury, nom sous lequel la commune est plus habituellement désignée, se compose de quelques fermes et de quelques maisons d'ouvriers, disséminées sur une vaste étendue, à l'entrée de cette belle et riche plaine qu'arrose la Moselle dans son cours vers Thionville. Quoique situé à trois kilomètres de Metz à peine, Saint-Baudier n'est pas connu. Ses maisons éparses le long de la rivière, loin de la grande route et de tout chemin fréquenté, font que très-peu de personnes en soupçonnent seulement l'existence, et qu'on en pourrait parler comme d'un village des arrondissements de Briey ou de Sarreguemines, sans être démenti par qui que ce fût. M. Nicolas partageait à cet égard l'ignorance commune, il n'était jamais venu à Saint-Baudier.

A l'époque fixée pour son installation, la Moselle, grossie par une longue suite de jours pluvieux, était sortie de son lit et couvrait de ses eaux jaunes une partie du territoire de la paroisse. Le mauvais état du chemin qui longe la rivière avait forcé la voiture qui transportait le modeste mobilier du bon curé, à suivre la grande route jusqu'à la Maison-Rouge, et de là à prendre la traverse, qui ne valait guère mieux que le chemin du bord de l'eau. Comme on avançait lentement dans ces terres détrempées et tirantes, M. Nicolas, impatient de connaître sa nouvelle résidence, demanda enfin à son guide où était Saint-Baudier.

— Eh bien! dit celui-ci, le voilà.

— Quoi! reprit le curé, ces trois ou quatre maisons noyées, c'est Saint-Baudier?

— Oui, Monsieur, c'est Saint-Baudier lui-même.

— On m'a trompé..., dit alors avec tristesse le pauvre prêtre, on m'a trompé !...

Mais comme il vit que cette exclamation affligeait son guide, un de ses futurs paroissiens :

— Ne craignez rien, ajouta-t-il en relevant la tête, j'y suis et j'y resterai. *Hæc requies mea..., hîc habitabo quoniam elegi eam.*

Il y resta en effet, il y resta jusqu'à sa mort, qui arriva quinze ans après ; et Dieu sait si rien que la mort même, qui brise tous les liens, fut capable de l'arracher à cette humble épouse qu'on lui avait fiancée sans qu'il l'eût vue seulement.

Ce ne fut point le château, cela se conçoit, qui reçut sa première visite, ce fut la toute petite chapelle où se célébrait l'office paroissial ; il alla s'y prosterner aux pieds de Celui que l'univers ne saurait contenir, et qui s'abaisse, par amour pour nous, jusqu'à ces chétives demeures que nous lui bâtissons, si indignes souvent de son adorable majesté.

Le presbytère en était distant de près de deux kilomètres. Lorsque M. le curé se rendait à l'église pour quelque office, il en donnait avis à ses paroissiens et les invitait à le suivre, en plantant sur le bord du chemin une croix de bois qu'il reprenait à son retour : c'était le signe convenu. Cependant, comme cette grande distance avait de nombreux inconvénients, non-seulement pour le service même de la paroisse, mais aussi pour la surveillance de l'école, qui était adossée au mur de l'église, dès la première année de sa résidence, M. Nicolas songea à en rapprocher son habitation. L'idée était bonne; mais pour la réaliser, il fallait bâtir, et pour bâtir tout manquait. M. Nicolas ne quêta point ; il ne s'adressa ni à la commune, qui était pauvre, ni à l'autorité supérieure, qui eût été peut-être assez mal disposée; il fit à Saint-Baudier ce qu'il avait fait à Haumont, il construisit de ses deniers la demeure réclamée par les nécessités de son ministère. Tandis que sa sœur Marianne consacrait une partie de son patrimoine à faire relever la maison d'école tombée en ruines, il employait le sien à doter la paroisse d'une maison de cure assez rapprochée de l'église pour lui permettre de remplir, comme il les entendait, ses devoirs de pasteur. Mais ce n'était pas assez pour M. Nicolas d'employer à cette construction d'un intérêt public une partie notable de ses ressources privées; il y travaillait de ses mains, servant lui-même les maçons, faisant le mortier, menant la brouette, assemblant et transportant les matériaux : aucune tâche ne lui semblait au-dessous de son humilité. Plus tard même, ayant obtenu de la générosité de M. de Hautconcourt, pour s'en faire un jardin, un terrain attenant à celui sur lequel avait été construit le presbytère, il voulut l'enceindre d'un mur, et en exécuta lui-même une grande partie avec le seul concours de quelques enfants, qui allaient çà et là lui ramasser la pierraille à peu près bonne pour cet objet. Il la leur payait à un sou la brouette, et l'on en voit des traces dans ce mur, qui subsiste encore aujourd'hui, composé de pierres de toutes sortes, de cailloux, de briques, de tuiles brisées, matériaux informes qu'un maçon de profession eût certainement rejetés.

Celui que Dieu avait commis à la conduite et à la sanctification des âmes, employait donc à édifier sa propre demeure, avec la simplicité des patriarches, les heures qui n'étaient pas réclamées par les besoins de son troupeau. Ce n'est pas tout : l'abbaye de Saint-Vincent ayant affecté à l'église de Saint-Baudier environ un hectare de terre, dont le revenu devait indemniser le curé du pain et du vin qu'il procurait pour le saint sacrifice, M. Nicolas se mit à exploiter lui-même ce terrain, et il est très-présumable qu'il y travaillait de ses propres mains, de ces mains consacrées qui offraient chaque jour sur l'autel l'auguste victime. Ce qu'il y a de certain, c'est qu'il battait lui-même au fléau le blé de ses champs, et nous avons vu de nos yeux l'aire étroite où il se livrait, dans la saison, à ce pénible exercice. Ainsi , prêtre et pasteur, il ne faisait pas seulement l'office de maçon, il faisait aussi celui de laboureur. Ces mœurs, d'un autre âge, nous rappelaient je ne sais quoi de la Bible et de l'Évangile qui nous remplissait le cœur d'une douce tristesse. Il devait y avoir parmi ces rudes travaux tant de pureté et d'innocence , que nous nous prenions à regretter les temps, à jamais perdus, où l'alliance d'occupations si opposées et si incompatibles en apparence, semblait toute naturelle et toute simple. Nous pensions aux Apôtres égrenant dans leurs mains des épis pour apaiser leur faim, à saint Paul cousant des tentes pour gagner sa vie et n'être point à charge aux églises naissantes. Nous rêvions de siècles évanouis où la pauvreté, le travail et la piété allaient saintement de compagnie, et où la foi donnait un bonheur calme, que les magnificences du nôtre ne nous donneront pas. Mais déjà, au temps même que M. Nicolas offrait ce touchant exemple de simplicité antique, de telles mœurs n'étaient plus comprises ; elles choquaient beaucoup plus qu'elles n'édifiaient, et trouvaient de nombreux contradicteurs, même parmi les membres du clergé.

— Allons, disait un curé de la rive droite de la Moselle à certaines personnes de son voisinage qui lui proposaient une promenade, allons voir *le fou de Saint-Baudier*.

Le fou de Saint-Baudier ! Ce ne sera pas la dernière fois, dans le cours de cette histoire, que nous rencontrerons l'épithète de *fou* accolée au nom de M. Nicolas; nous en scandaliserons-nous ? Qui était le fou, qui était le sage, ou celui dont la bouche proférait cette injure, ou celui qui en était l'objet ? La suite de ce récit nous aidera à nous prononcer. Ne laissons pas, en attendant, de nous rappeler, suivant la doctrine du grand Apôtre, que Jésus crucifié était un scandale aux Juifs et une *folie* aux Gentils, que la parole de la croix est une *folie* pour ceux qui se perdent, et que ce qui paraît en Dieu une *folie* est plus sage que la sagesse de tous les hommes. Rappelons-nous aussi ces sublimes insensés qui, sous les noms de François d'Assise, d'Ignace de Loyola, de Catherine de Sienne, de Thérèse de Jésus, faisaient sourire de compassion les sages de leur temps, et ne nous pressons pas de conclure. Dieu juge autrement que le monde, et qui a raison du monde ou de Dieu ? Celui que le monde appelle fou est bien près d'être sage, s'il n'est le sage même dans l'estime de Jésus-Christ.

Au reste, le fou de Saint-Baudier, tout fou qu'il était aux yeux de quelques-uns de ses confrères, peut-être même à cause de sa folie, avait la conscience délicate jusqu'au scrupule. Tandis qu'il élevait patiemment le mur de son jardin, les ouvriers qui lui avaient aidé à en creuser les fondations, ayant empiété de quelques centimètres sur le champ voisin appartenant à M. de Hautconcourt, comme cela se voit encore par une saillie que fait le mur de ce côté, M. Nicolas ne put souffrir que la nuit passât sur cet empiétement injuste; il se rendit en hâte chez son bienfaiteur, offrit avec ses excuses toute espèce de dédommagement, et ne revint chez lui, la conscience paisible et satisfaite, que quand le généreux propriétaire lui eut assuré qu'il ne réclamait rien, qu'il ne voulait rien recevoir pour un dommage aussi léger et aussi involontaire.

On ne manqua pas sans doute d'attribuer à la même absence de sagesse et de raison certaine petite porte pratiquée dans ce mur, qui, ne donnant sur aucun chemin, comme on l'objectait à M. Nicolas, et ouvrant vaguement du côté de la campagne sur des champs qui n'étaient pas à lui, ne pouvait servir à rien.

— Laissez, dit-il, *elle me servira un jour !*

Ce jour vint en effet, et justifia cet autre acte de folie; car, au temps des persécutions, ce fut plus d'une fois par cette étroite ouverture, ménagée si longtemps à l'avance, que le prêtre proscrit et fugitif s'échappa vers un bois voisin, aujourd'hui défriché, où il trouvait son salut. Mais que dire de cette sorte de prescience qui, dès 1783, faisait entrevoir à cet homme simple, à cet humble curé de campagne, les terribles événements de 1793? Était-ce instinct de la peur? Était-ce sagacité politique? Dieu, croyons-nous, qui donne avis aux oiseaux de l'approche de la tempête, donne aussi quelquefois aux petits et aux humbles certaine vue anticipée de l'avenir, qui confond la pénétration des habiles. Et voilà peut-être tout uniment pourquoi M. Nicolas, sept ou huit ans avant que l'ouragan eût commencé à poindre, se ménageait un abri contre ses fureurs. Il pressentait ce que personne ne pouvait encore soupçonner, et sa prudence prenait les devants. Quant à la peur, nous laissons aux événements le soin de répondre.

CHAPITRE III.

M. Nicolas, curé à Saint-Baudier. — Sa simplicité, son austérité, sa vigilance, sa charité. — Respect et affection dont il est universellement l'objet.

Si l'on a eu la patience de nous suivre jusqu'ici avec quelque attention, on doit commencer à se former une idée de M. Nicolas. Ce que nous allons ajouter fera pénétrer plus avant dans la connaissance de cette nature originale et forte, si diversement jugée par les hommes de son temps.

Conformément à la règle de vie qu'il s'était faite, M. l'abbé Nicolas, dont la sobriété était extrême et le jeûne presque continuel, prenait le matin à dix heures son premier repas, qui était léger, et à trois heures le second et le dernier, qu'il préparait souvent lui-même pour l'assaisonner en secret du sel de la pénitence. Il faisait ces deux repas toujours seul, dans une chambre attenante à la cuisine, d'où on lui passait les mets par un gu ichet. Ses sœurs mêmes n'y étaient point admises, par suite de cette même prudente modestie qui faisait qu'à Vatimont, autrefois, elles lui portaient son déjeûner dans sa chambre pendant qu'il était à la messe. Telle était toutefois sa frugalité qu'un jour, étant malade, à la vue d'un potage aux pois qu'on lui avait préparé :

— Avec toutes ces délicatesses, s'écria-t-il, vous me conduirez en enfer !

Mais il ne traitait pas son corps avec plus de ménagements sous le rapport du sommeil et du repos que sous celui de la nourriture. Couché de bonne heure, il est vrai, dès minuit il récitait l'*Angelus*, et à une heure du matin, à deux heures au plus tard, il se levait pour commencer l'office divin, faire son oraison et sa prière. Et quel repos, grand Dieu ! Au fond de son alcôve, derrière son lit, où il n'entrait jamais, il s'était ménagé dans la muraille un enfoncement en forme de bière ; c'est là qu'il prenait son court sommeil, après quoi il priait, puis, en attendant l'heure de sa messe, qui était ordinairement à six heures, il allait battre son blé.

Ces austérités avaient pour but de donner plus de prix et d'efficacité à ses prières. Sept fois le jour, à l'exemple du Psalmiste, il priait pour ses paroissiens et pour sa malheureuse patrie. Dans les intervalles, indépendamment des occupations spéciales du ministère, il se livrait à l'étude des saintes Écritures. Selon M. l'abbé Louyot, son ami, il lisait très assidûment les Livres saints, toujours dans la posture la plus respectueuse, souvent même à genoux, et quand il voulait sa Bible :

— *Donnez-moi mon pain*, disait-il en la désignant, *donnez-moi mon pain.*

Cette Bible vénérable a été précieusement conservée par M. l'abbé Point, son neveu.

C'est une traduction de Sacy, toute couverte, non-seulement à la marge, mais au haut et au bas des pages, souvent même dans les interlignes, d'annotations de la main de M. Nicolas, qui renferment des observations très-judicieuses ou de très-solides et très-salutaires réflexions. Cette foule de remarques, jointes aux citations nombreuses dont sa correspondance est enrichie, peuvent faire juger de l'application avec laquelle il se livrait à l'étude des saintes lettres.

Une autre occupation qui lui était chère, qui l'a suivi dans sa vie errante comme sous les verroux de ses prisons, sans excepter celle d'où il n'est sorti que pour marcher à la mort, c'est la composition de pieux cantiques, où il avait vu un moyen d'enseigner les vérités de la foi, d'occuper saintement l'esprit, de toucher les cœurs, de les égayer et de les consoler : poésie sans art assurément, qui n'est guère que de la prose rimée, mais de la prose pleine de sens, et tout à fait appropriée au but sérieux que s'était proposé le saint prêtre. Un recueil en a été publié par les soins d'un de ses amis. Lui-même se plaisait à les chanter et à les faire chanter; c'était un de ses plus doux passe-temps, et le souvenir de cette touchante dévotion s'est conservé longtemps à Saint-Baudier.

Ces cantiques, au reste, n'étaient qu'une des formes qu'empruntait son zèle infatigable pour travailler à la gloire de Dieu et au salut de son troupeau. Le plus souvent qu'il pouvait, il procurait des missions à sa paroisse, soit par lui-même, soit avec le concours de ses collègues. A toutes les messes basses, il lisait haut en français l'Épître et l'Évangile. Deux fois l'année, en septembre et au carnaval, il visitait tous ses paroissiens, afin de donner aux pères et aux enfants les avis dont il jugeait qu'ils avaient besoin.

Sa vigilance de pasteur était incessante: elle s'étendait à tous les temps, à tous les lieux, à toutes les classes de personnes, notamment à la jeunesse. Pendant les soirées d'hiver, il se rendait furtivement près des maisons où l'on se réunissait pour la veillée, et s'il avait quelque soupçon que tout ne se passât pas dans l'ordre, il entrait, et sa présence suffisait pour commander le silence et la retenue. Il obtenait de même, sans contrainte et sans résistance, qu'on s'abstînt de chanter et de danser des rondeaux, sorte d'exercice rustique fort en vogue autrefois dans le pays, peu propre d'ailleurs à conserver ou à corriger les mœurs.

Le jour, la nuit, mais la nuit surtout, par les nuits froides de septembre et d'octobre, il allait s'asseoir auprès des feux allumés par les jeunes pâtres qui gardaient les chevaux des fermiers, et là, armé de patience, de douceur, de charité, il leur enseignait, parmi le silence des champs, les prières et le catéchisme.

Au confessional il était sévère en matière de restitution. Qu'un enfant eût dérobé des fruits ou quelque autre objet de peu de valeur, soit dans les jardins, soit tout autre part, il l'obligeait à en faire l'aveu à ses parents, afin que ceux-ci fissent restitution au propriétaire lésé, ou à tout déclarer au propriétaire lui-même, afin d'en obtenir la remise et le pardon. Encore était-on tenu de faire connaître le plus exactement possible le nombre et la valeur des objets dérobés : le gardien vigilant de la conscience était inexorable.

Mais le souvenir traditionnel que les familles ont plus particulièrement conservé de M. l'abbé Nicolas, c'est l'horreur extrême que lui inspirait le mensonge.

— Un seul mensonge léger, dit-on encore aujourd'hui à Saint-Baudier, mensonge qui n'aurait porté préjudice à personne, eût pu le sauver, et il a mieux aimé mourir que de mentir.

Telle est l'impression laissée dans les esprits par le respect profond de M. Nicolas pour la vérité, qu'aucune de ses vertus n'est plus fréquemment rappelée aux enfants par leurs parents, et que cette horreur qu'il avait du mensonge, remise en mémoire à chaque occasion, produit sur tous un effet très sensible et très salutaire.

Rigide observateur de la loi du dimanche, il n'en accordait la dispense que dans les cas les plus pressants. Un dimanche avant vêpres, tandis qu'il faisait répéter ses cantiques aux filles du village, un cultivateur vint lui demander la permission de rentrer après l'office une voiture de blé, parce qu'on était menacé de pluie.

— Cela ne sera rien, dit le curé, cela ne sera rien; je ne puis vous accorder ce que vous me demandez.

Le fermier insiste.

— Eh bien, reprend M. Nicolas, allez-vous-en à l'église consulter là-dessus Notre-Seigneur, et vous viendrez me dire la réponse qu'il vous aura faite.

Dans la simplicité de sa foi, le fermier alla en effet quelques instants à l'église, puis revint fidèlement au presbytère.

— Eh bien, lui demande M. Nicolas, que vous a dit Notre-Seigneur?

— Monsieur le curé, le bon Dieu ne m'a rien dit du tout.

— Comment, il ne vous a rien dit du

tout ? Dieu, qui est l'auteur de la loi du dimanche, ne vous a rien dit pour vous permettre ce que cette loi défend, et vous voudriez que moi, son indigne ministre, je prisse sur moi de vous le permettre ? Non, mon ami, non, je ne le puis pas, je ne vous le permets pas.

Le religieux fermier se retira, et se soumit sans murmurer à la décision de son pasteur.

Il tenait à ce que la confession fût pour ses pénitents un acte sérieux, accompli en toute simplicité, et il ne négligeait aucune occasion d'inspirer à sa paroisse une grande idée de ce sacrement. M. l'abbé Duval, décédé curé d'Altroff, était né à Saint-Baudier, et avait été ordonné prêtre pendant que M. l'abbé Nicolas en était encore curé. Il était naturel que ce jeune homme aimât à dire sa première messe dans sa paroisse natale ; M. le curé, qui y avait consenti avec empressement, l'avait annoncé en chaire le dimanche précédent, et avait engagé ses paroissiens à y communier. Il ne sortit donc du confessionnal, situé au fond de l'église, qu'au dernier coup de la grand'messe, lorsque les fidèles étaient déjà tous entrés et placés. Pendant ce temps-là le jeune prêtre s'était préparé dans la sacristie, et il ne lui restait plus qu'à mettre la chasuble, lorsque M. Nicolas, s'adressant à lui avec gravité :

— Monsieur l'abbé, lui dit-il, avant que vous montiez à l'autel, je veux me confesser.

— Mais, Monsieur le curé, je n'ai pas les pouvoirs.

— Je vous les donne; venez au confessionnal.

Il paraît, d'après le témoignage même de M. Duval, que les curés avaient alors la faculté de donner les pouvoirs aux jeunes prêtres, et que c'était une prérogative attachée à leurs bénéfices. Quoiqu'il en soit, M. Nicolas ôta son surplis, et alla s'agenouiller au confessionnal, où M. Duval vint l'entendre.

— Il voulait, dit ce dernier en racontant ce fait, montrer aux fidèles que les prêtres aussi se confessent, et que ce n'est ni l'âge ni le mérite qui font le prêtre, mais qu'il tient son caractère uniquement de l'ordination. Aussi, cette déférence pour le caractère sacerdotal dans un prêtre que tous regardaient comme un saint, produisit-elle un excellent effet.

Quelle que fût cependant l'impression que de tels actes devaient faire sur les esprits, on s'expliquerait difficilement l'autorité que M. Nicolas exerçait sur sa paroisse, et dont nous trouverons plus tard des preuves presque incroyables, s'il n'eût été qu'un pasteur vigilant et sévère. Eût-il eu de la foi jusqu'à transporter des montagnes, son zèle eût-il égalé celui des apôtres, et son détachement celui des martyrs, il n'aurait rien obtenu si son cœur n'eût brûlé d'abord du feu divin de la charité. Voilà, en effet, le grand secret pour gouverner les hommes. C'est parce qu'ils l'ignorent ou parce qu'ils le dédaignent, que tant de gens, habiles et forts d'ailleurs, échouent tous les jours dans la conduite des peuples. Mais si

M. Nicolas était obéi, c'est qu'il était aimé. Comment s'expliquerait-on autrement les innombrables, les inouis dévouements à sa personne, qui remplissent les huit longues années de sa vie errante et proscrite? Est-ce au jour de l'adversité qu'on se fait des amis? Y trouve-t-on seulement ceux qu'on s'est faits durant la prospérité? Il faut donc que M. Nicolas ait possédé à un haut degré cette première vertu des saints, la charité, qui gagne et soumet les cœurs; on ne règne en réalité qu'à ce prix.

Aussi les témoignages du temps nous apprennent-ils que M. Nicolas était l'objet d'une affection et d'un respect universels. Malgré son air grave, il avait l'abord le plus facile; il inspirait même une confiance aimable aux enfants, qu'il associait gaiement, comme nous l'avons vu, à ses naïves constructions.

Jamais un pauvre n'était refusé à sa porte. Les honoraires qu'il recevait comme desservant, n'entraient pas même dans son secrétaire. Chaque fois qu'il en touchait un quartier, cet argent était déposé dans une calotte sur le buffet de la cuisine, à la disposition de quiconque en avait besoin, sans obligation pour personne de rendre la somme empruntée. Cela était dit, on le savait, et on y puisait sans scrupule, puisque telle était l'intention du bon curé. Lorsqu'on en avait usé ainsi et qu'on le lui disait, il répondait avec bonhomie : vous avez bien fait.

Inutile d'ajouter qu'on abusait quelquefois d'une libéralité si ingénue et si confiante. C'est le propre des âmes droites de croire dans les autres à la droiture, et leur candeur les expose souvent à être trompées. Une des œuvres de miséricorde qu'affectionnait M. Nicolas était la visite des prisonniers. Un jour, dans une des prisons de Metz, il fait la rencontre d'un jeune militaire d'assez bonne mine, qui était là pour quelque sottise. La conversation engagée, le jeune homme, qui avait deviné probablement à qui il avait affaire, lui conta son histoire et lui fit l'aveu de toutes ses folies.

— Mais, ajoute-t-il avec tous les signes du plus sincère repentir, j'en suis bien revenu. Aussi, je déteste l'état militaire qui m'expose à de semblables chutes et qui, je le sens bien, m'y exposera toujours. Comment faire, cependant? Mes parents sont pauvres, et je n'ai aucun moyen de me procurer un remplaçant ou d'obtenir mon congé. Si j'avais seulement quatre cents francs....

— Quatre cents francs, mon ami? qu'à cela ne tienne, vous les aurez; et puissé-je, à ce prix, remettre dans la bonne voie tous ceux qui s'en sont écartés comme vous!

Les quatre cents francs sont donnés, reçus, et très-exactement dépensés avant la fin du mois, à la connaissance du pauvre curé de Saint-Baudier, qui ne fut pas corrigé pour cela, et qui continua de porter aux prisonniers son argent, ses livres, ses couvertures.

De tels défauts, en effet, dans de tels hommes, ne se corrigent pas. Ils s'accroîtraient plutôt à mesure que leur âme s'élève et plane dans des régions plus pures, où elle perd de vue, pour ainsi dire, les intérêts passagers de la terre. Mais, tandis que M. Nicolas pratiquait ainsi, dans l'obscurité de sa modeste paroisse, les préceptes et les conseils évangéliques, et que, malgré sa prétendue folie, il donnait aux prêtres de son temps des exemples que beaucoup d'entre eux auraient dû suivre, l'horizon de la France s'assombrissait de jour en jour; des bruits sourds, comme des tonnerres lointains, se faisaient entendre, de moments en moments, plus distincts et plus menaçants. La révolution approchait avec ses allures farouches et sanglantes. L'épouvante était dans les cœurs. La petite porte dérobée que le curé de Saint-Baudier avait pratiquée dans le mur de son jardin, commençait à avoir son sens. Son âme, cependant, tout abandonnée à Dieu, demeurait calme et paisible: il observait et attendait.

CHAPITRE IV.

Révolution de 1789. — Constitution civile du clergé et prestation du serment. — M. Nicolas se rend à Rome. — Il est dépossédé de sa cure. — Fidélité de ses paroissiens pendant son absence. — Lettre datée de Chambéry. — Retour à Saint-Baudier.

La constitution civile du clergé, votée par l'assemblée législative le 12 juillet 1790, avait été signée par le roi, dans un moment de faiblesse suivi d'un vif repentir, le 24 août suivant, malgré les oppositions du Pape et les avertissements d'un grand nombre d'évêques. Le 27 novembre de la même année fut rendu un décret qui obligeait tous les ecclésiastiques français, sous peine de perdre leurs offices et d'y être immédiatement remplacés, à prêter serment d'obéissance à cette même constitution contre laquelle s'étaient prononcés l'épiscopat et le Saint-Siége. On sait ce qui se passa dans ces circonstances critiques : malgré les mille moyens d'intimidation ou de séduction qu'on mit en usage pour obtenir la prestation du serment, les deux tiers des membres du clergé et le corps entier des évêques, moins quatre, le refusèrent courageusement, préférant la pauvreté, l'exil, la mort même, s'il le fallait, à la perpétration d'un acte que réprouvait leur conscience.

Deux Brefs du Souverain Pontife, en date du 10 mars et du 13 avril 1791, ne laissaient aucun doute sur la conduite qu'on avait à tenir. Le Saint-Père y condamnait formellement la constitution civile du clergé, ainsi que les élections et consécrations qui en avaient été la suite. Il y ordonnait, en outre, à tous les ecclésiastiques qui avaient prêté le serment, de le rétracter dans l'espace de quarante jours, sous peine d'être suspendus de l'exercice de leurs ordres, et soumis à l'irrégularité s'ils en faisaient les fonctions.

Cela était clair, et à moins de vouloir se jeter dans le schisme en désobéissant ouvertement à la seule autorité compétente, il n'y avait point à hésiter. M. l'abbé Nicolas n'hésita pas non plus; mais, non content de refuser le serment et de s'exposer ainsi à toute la rigueur des lois, il prit une résolution singulière, une résolution étrange, si l'on considère la vie généralement casanière qu'on menait à cette époque, celle en particulier de M. Nicolas, qui n'avait jamais franchi les limites du diocèse : il résolut d'aller à Rome.

Quel était, au reste, l'objet de ce voyage? C'est ce qu'on ne sait pas au juste. Les uns ont supposé, ce qui paraissait assez naturel, qu'il voulait consulter le Souverain Pontife sur les affaires du clergé ; les autres, qu'il était allé demander aux tombeaux des saints apôtres la conversion d'une famille protestante de sa paroisse; d'autres, qu'il allait y solliciter de la miséricorde divine la conservation de la foi pour ses fidèles de Saint-Baudier, et pour lui-même la grâce du martyre. Mais ce ne sont là que des conjectures. Ce qui est certain, c'est que, dans la pensée de M. Nicolas, ce voyage lointain était un véritable pèlerinage. Un jeune prêtre de Metz, M. l'abbé Simon, ayant appris son projet d'aller à Rome, et lui ayant demandé s'il lui permettrait de l'accompagner :

— Volontiers, mon cher abbé, répondit-il, mais je me propose un mode de voyage qui ne vous conviendra peut-être pas : *j'irai à pied et en demandant l'aumône.*

Ce fut vers la fin de mai 1791 que M. Nicolas se mit en route. Avant de partir, il avait confié le soin de sa paroisse à ce jeune abbé Duval dont nous avons parlé plus haut, et qui paraît avoir exercé quelque temps les fonctions du saint ministère à Saint-Baudier, sous les yeux de son curé. Un autre de ses amis, M. l'abbé Nilus, avait aussi été prié de veiller sur son cher troupeau. Mais c'est à ce troupeau surtout, à ce bien-aimé troupeau, qu'avant de le quitter il avait fait ses plus pressantes recommandations, s'efforçant de le prémunir contre les dangers que la foi devait courir dans ces temps malheureux, le mettant en garde particulièrement contre les prétentions des prêtres intrus ou seulement assermentés.

Une si pieuse sollicitude ne fut point trompée. Fidèles aux leçons et aux recommandations de leur zélé pasteur, les habitants de Saint-Baudier montrèrent, non-seulement pendant son absence, mais pendant toute la durée de la révolution, ce que peut la confiance des peuples dans ceux qui les guident, et l'empire que peut exercer, de loin comme de près, sur les âmes qui lui sont confiées, un homme qui s'est donné à Dieu tout entier pour le bonheur et le salut de ses frères.

Peu après son départ, M. Nicolas avait été déclaré dépossédé de son titre de curé de Saint-Baudier, et dès-lors l'administration de la paroisse fut confiée successivement à deux prêtres constitutionnels, qui ne résidèrent toutefois ni l'un ni l'autre sur les lieux. Mais ces deux prêtres assermentés, et quelques autres du voisinage qui étaient dans le même cas, eurent beau venir à Saint-Baudier exercer les fonctions du ministère, la paroisse tout entière leur fit constamment défaut, et ils eurent chaque fois pour toute assistance une certaine veuve de l'endroit qui donnait dans les idées du temps, et à qui le pouvoir avait remis les clefs de l'église.

Il arriva, par exemple, qu'un certain dimanche l'abbé Duval, qui était revenu secrètement à Saint-Baudier, fut invité par les habitants à venir dire la messe dans l'église. Comme on était, à ce qu'il paraît, en négociations pour avoir les clefs, arrivent inopinément quatre émissaires de l'intrus, chargés d'annoncer sa venue et de disposer tout pour la célébration de la sainte messe. C'était un contre-temps sur lequel on n'avait pas compté, mais on ne recula pas pour cela. Pendant que lesdits émissaires faisaient leurs préparatifs, la foule se précipita dans l'église, entendit avec recueillement la messe de l'abbé Duval, puis, se retirant sans bruit et sans esclandre, laissa monter à l'autel le prêtre constitutionnel, qui n'eut pour assistance que ses quatre envoyés et la fidèle veuve dont il vient d'être parlé.

On s'exposait à tout plutôt que de recevoir d'un prêtre assermenté les secours de la religion. Un habitant de l'endroit, dangereusement malade, fut administré par un prêtre qui avait pénétré chez lui déguisé en dragon. Durant l'année 1794, dit le registre de l'état civil, il n'y eut aucun mariage dans la commune de Thury. On répudiait la bénédiction même qui ne venait pas du ministre légitime de Jésus-Christ.

Cette inébranlable fidélité était entretenue par les avertissements et les instructions que M. Nicolas adressait du fond de l'exil à ses chers paroissiens. Il se passait peu de semaines qu'ils ne reçussent de lui quelqu'une de ces lettres vraiment pastorales, qui ont été depuis si religieusement conservées dans les familles, et qui ont dû en effet y être regardées souvent comme la parole de Dieu même.

Le dimanche, au lieu d'assister aux offices célébrés par un prêtre non approuvé, les fidèles se réunissaient chez l'un ou l'autre des habitants, mais de préférence chez un nommé Collignon, qui recevait plus habituellement la correspondance du digne pasteur. Là ils récitaient ensemble les prières de la messe et celles des vêpres ; puis, après s'être unis d'intention à leur véritable curé, et avoir prié pour lui, ils écoutaient avec une sainte avidité la lecture de sa dernière lettre, qui tenait lieu d'un bon sermon, parce que toujours elle renfermait quelques réflexions pieuses, et surtout quelques avis pleins de fermeté sur la conduite à tenir dans ces temps difficiles pour demeurer fidèle à la foi de l'Église.

Ainsi, M. Nicolas semblait être toujours présent à Saint-Baudier. Il y était du moins en esprit par la vénération dont sa mémoire était entourée; et à trois cents lieues de distance, après une absence de plusieurs mois, il continuait à la gouverner comme s'il n'en fût pas sorti.

Plusieurs mois s'étaient effectivement écoulés depuis que M. Nicolas avait quitté Saint-Baudier et la France. On ne sait rien de son voyage ni de son séjour à Rome. On peut seulement conjecturer qu'il sortit de cette ville vers la mi-octobre, puisqu'il était déjà le 2 novembre à Chambéry, et qu'il ne s'était pas arrêté en chemin, comme nous l'apprend la lettre suivante, qui nous donne d'ailleurs sur ce long et rude pèlerinage des détails précieux. La lettre est adressée à son fidèle Collignon :

« Je vous écris, lui dit-il, pour savoir s'il est temps que je retourne dans ma paroisse, ou si je dois encore attendre. Vous avez été fidèle à Dieu dans ma personne, et en me demeurant attaché dans un temps de troubles, de tentations et d'épreuves ; j'aime à penser qne vous n'avez pas changé de sentiments, et que vous me direz devant Dieu simplement la vérité.

» Je suis à Chambéry depuis huit jours, et j'y trouve des gens charitables qui m'aident en toutes manières. Je n'ai pas toujours rencontré de pareilles gens, et il m'est arrivé souvent de n'avoir pas où poser mon pied. Si je trouve des personnes qui veulent bien lire et examiner mes témoignages, elles voient bientôt en moi un homme persécuté pour la justice, et elles me béatifient; mais il arrive ordinairement (et cela m'est arrivé encore depuis Rome jusqu'ici), que presque personne ne veut exercer l'hospitalité envers moi. Souvent même j'ai grande peine à trouver où dire la messe. Il est vrai que je pourrais me reposer dans les auberges; mais un écu par jour ne serait pas trop pour les dépenses qu'il me faudrait faire, par exemple pour me raccommoder, me blanchir, etc. Depuis Rome jusqu'ici je ne me suis donc point arrêté, il y a pourtant 150 lieues. J'ai marché par le bon et par le mauvais temps, par la pluie et la boue, les souliers et les pieds déchirés, fatigué à l'extrémité.

Enfin, je m'adressai en arrivant ici aux Cordeliers ; et avec quelque peine, tout morfondu que j'étais, j'obtins de coucher ce jour-là chez eux. Mais je ne fus pas plus tôt couché, que ces charitables religieux, pères et frères, s'empressèrent de me donner tout ce qui pouvait me manquer ou me faire plaisir. Ils continuent à me chérir, à me produire et à me protéger. Ils m'ont procuré près de la ville une maison riche où je dis la messe dans une chapelle ; j'y suis le bien-venu, et l'on me fournit tout ce qui m'est nécessaire, tant pour la nourriture que pour le vêtement. Les ecclésiastiques français et même l'archevêque de Paris, qui est à Chambéry depuis longtemps, et que j'ai eu l'honneur de voir il y a quelques jours, s'intéressent pour moi avec les autres. Incessamment je trouverai à m'occuper et à me placer dans ce pays-ci. On m'offre un bénéfice à administrer. Mon hôte me propose d'écrire lui-même à l'archevêque de Tarentaise, qui a besoin de prêtres, et qui en a déjà reçu de France plusieurs dans son diocèse; mais à Dieu ne plaise que je vous abandonne !

» Je pourrais, en demeurant ici, éviter la persécution et les dangers qui menacent la France, et je ne doute pas qu'en y retournant, je n'aie encore quelques tempêtes à essuyer ; le Saint-Esprit semble m'en donner l'assurance, comme autrefois à saint Paul. Mais je dirai comme lui : mon âme, ma vie temporelle, ne m'est pas plus précieuse que moi, c'est-à-dire que mon salut éternel (actes des apôtres); et ce salut éternel dépend du vôtre, il dépend de la manière dont j'aurai soin du vôtre. Je veux donc avoir soin de votre salut ; et puisque ma paroisse, comme je l'apprends de M. l'abbé Nilus, demeure ferme dans le bon parti et fidèle à Dieu son époux, dont je tiens la place comme étant son légat, son ambassadeur auprès de vous, je veux m'acquitter de ma mission, et vous mettre en état de lui être présentés comme une vierge pure et chaste au jour où il viendra pour célébrer les noces. Il est l'époux de vos âmes, veillez en attendant l'époux. Ne soyez pas du nombre de ces vierges folles qui sommeillèrent et s'endormirent; ayez de l'huile dans vos lampes, cette huile c'est la charité et la ferveur. (Lisez l'Evangile où cela est expliqué, c'est au Commun des Vierges).

» Mon dessein, comme vous le voyez, est de retourner incessamment pour continuer l'ouvrage de votre salut, que Dieu m'a confié lorsqu'il m'a appelé à la cure de Saint-Baudier, cure dont j'ai pris une possession légitime, et dont personne n'a le droit de me priver que Dieu, qui peut me retirer du monde ou m'appeler ailleurs. Les hommes ne peuvent point séparer ce que Dieu a uni; et si l'on disait que c'est Dieu aussi qui vous a unis au nouveau curé, que j'appelle l'intrus, je répondrais que Dieu, dans sa colère, n'a uni à l'intrus que ceux qui l'ont voulu, comme il unit à un adultère une épouse infidèle, qu'il punira de l'avoir fait servir dans son iniquité, comme dit l'Ecriture.

» Ecrivez-moi donc incessamment la vérité, savoir si mes paroissiens ont besoin de moi maintenant, et s'ils désirent mon retour. Je sais que le malade a besoin de remèdes, et le faible de soutien, et que souvent ni l'un ni l'autre ne demandent ni le médecin ni le secours; voilà pourquoi mon devoir et ma conscience me pressent de courir à vous. Mais je ne veux pas agir de moi-même pour rentrer, comme je n'ai pas agi de moi-même pour sortir: j'attendrai que vous me fassiez connaître les dispositions où l'on est à mon égard au dedans et au dehors de la paroisse. »

Cette lettre, intéressante sous plus d'un rapport, nous révèle tout le secret de la conduite de M. Nicolas depuis sa sortie de la paroisse jusqu'à sa mort inclusivement. Quant il n'y aurait pas d'autres témoignages de la pureté et de la sainteté du mobile qui le faisait agir, il serait impossible, après avoir lu cette héroïque confidence, de douter qu'il eût en vue aucun autre intérêt que celui du salut de son troupeau. Combien, cependant, à sa place, n'auraient pas cru avoir fait assez en refusant le serment, en quittant leurs cures, en s'exilant de la France! *La conscience et le devoir*, comme il dit, en demandaient-ils donc davantage? La pauvreté et l'expatriation ne constituaient-elles pas un suffisant sacrifice? Pour beaucoup de gens, oui; pour M. Nicolas, non.

Il regardait sa destinée comme indissolublement unie à celle de son troupeau; du salut de ses paroissiens dépendait son propre salut; il ne pouvait pas se sauver sans eux, sans avoir tenté, du moins, tout ce qui était en son pouvoir pour leur en assurer la grâce. Aussi ne pouvait-il pas demeurer sur la terre étrangère. Il y était en sûreté, il y trouvait même une existence heureuse, plus heureuse et plus douce apparemment que celle dont il avait joui dans sa chétive paroisse de Saint-Baudier; mais s'il restait en Savoie, le salut de ses frères était compromis. Il ne balance pas à sacrifier tous les avantages qu'il trouvait chez ce peuple hospitalier, pour venir affronter dans sa patrie les mille morts d'une implacable persécution, et pour mener pendant six années la vie de fatigues, de privations, d'alertes, la vie de bête fauve dont nous allons tracer l'émouvant tableau. C'était bien toujours le même fou !

CHAPITRE V.

M. Nicolas est proscrit. — Sa vie errante, son intrépidité. — Asiles où il se retire habituellement. — Ses partisans, ses hôtes, ses guides. — Dangers qu'il court dans le bois de Faulquemont et dans celui de Rupigny. — Sa rencontre avec le gendarme de Courcelles.

Ici commence la partie dramatique de la sainte vie que nous avons entrepris de raconter. Rentré à Saint-Baudier sous un déguisement dans le courant de décembre 1791, mais pour n'y faire à l'avenir que de très-courts et très-rares séjours, M. Nicolas n'aura plus jusqu'à sa mort d'autre demeure que le toit de quelques amis ou de quelques gens de bien, qu'il compromettra, et les prisons de l'Etat, qui s'étonneront de la liberté de son langage et de l'innocente simplicité de ses mœurs. Comme le Sauveur des hommes, son doux et adorable Maître, il n'aura pas une pierre où reposer sa tête ; mais rien ne le fera fléchir. Errant ou détenu, il est où Dieu veut qu'il soit, il fait ce que Dieu veut qu'il fasse ; peu lui importe le reste. Le pire qui lui puisse arriver c'est la mort ; et la mort telle que le prêtre la trouvait tous les jours à cette époque sous le fer des bourreaux, il la regarde d'un œil d'envie. Que peut-il donc craindre ? Et qu'y a-t-il au-dessus de lui ? L'homme qui n'attend rien que de la tombe fait le désespoir des tyrans.

Tel était M. Nicolas. Aussi, malgré les périls qui l'environnaient, les piéges qui lui étaient tendus, les alertes qui lui étaient données chaque jour, se livrait-il au saint exercice des diverses fonctions de son ministère avec un calme qui confondait souvent, avec une hardiesse qui faisait frémir. Ce n'était pas seulement Saint-Baudier qui exerçait son zèle, c'étaient aussi les paroisses voisines, où il était bien connu, et un grand nombre d'autres plus éloignées où il se transportait avec empressement dès qu'il en était requis. Le plus souvent il venait lui-même offrir ses services. A une heure quelconque de la nuit on entendait frapper aux fenêtres :

— Vous n'avez point d'enfants à baptiser, point de malades à administrer ? Point de morts, point de mariages ? Qui veut se confesser ?

C'était le curé de Saint-Baudier ; et souvent, sans désemparer, il confessait, il baptisait, il mariait, il administrait le viatique et l'Extrême-Onction. D'autres fois il faisait prévenir les fidèles qu'une telle nuit, à telle heure du matin, il dirait la sainte messe dans telle maison. Dès la veille il s'y rendait pour entendre les confessions; et lorsqu'il n'y avait pas assez de pénitents pour remplir toute la soirée, on employait le reste du temps à dire le chapelet, à prier en commun, à s'entretenir de sujets édifiants, à chanter des cantiques.

Au plus fort de la Révolution, M. l'abbé Nicolas fit faire la première communion aux jeunes gens de la paroisse, parmi lesquels il avait admis quelques enfants des bonnes familles du voisinage. C'est dans le jardin de la cure qu'il les préparait à toutes les cérémonies du grand jour, ou plutôt de la *grande nuit;* car alors, ainsi que le disent encore les anciens, la plupart des messes étaient des messes de minuit. A cette touchante cérémonie, en mémoire de la dernière Cène, M. Nicolas, qui devait aussi monter un jour sur le Calvaire, lava, essuya et baisa les pieds des jeunes garçons qu'il venait pour la première fois d'admettre au Sacrement de l'Eucharistie.

Souvent il poussait la confiance jusqu'à la témérité. Quand il arrivait dans certains villages, il faisait hardiment sonner la sainte messe, et la chantait tranquillement comme si l'on eût été en pleine paix. Les prêtres ayant tous alors des pouvoirs extraordinaires en qualité de vicaires apostoliques, il en usa un jour pour chanter la messe et prêcher publiquement au milieu de la forêt de Faulquemont. L'autorité avertie envoya sur les lieux deux gendarmes pour l'arrêter; mais les paysans ne les laissèrent point approcher; l'un d'eux, dans la rixe, eut même une jambe cassée, et peut-être auraient-ils succombé l'un et l'autre, si M. Nicolas ne fût intervenu.

Le dévouement de nos bonnes populations pour ce saint prêtre allait au-delà de ce qu'on peut imaginer, et ce n'est pas un médiocre sujet de réflexions que celui-là. Comment cette intrépide affection avait-elle pris naissance? De quoi pouvait-elle s'alimenter? Sur quoi reposait-elle? Se reproduirait-elle aujourd'hui, dans des circonstances analogues, pour un autre curé de Saint-Baudier? Sommes-nous enfin les fils de nos pères? Mettons la main sur la conscience et jugeons-nous; mais surtout admirons ces hommes d'un autre âge, à qui nous serions trop heureux de ressembler.

Suivant un témoignage grave, les nombreux amis que M. Nicolas avait sur tous les points du diocèse, formaient une espèce de société secrète, qui avait son argot, ses agens, ses conférences. C'était ordinairement la nuit qu'avaient lieu ces conciliabules; une barque, amarrée sur l'une des rives de la Moselle, servait à faire passer d'un bord à l'autre ces conjurés d'un nouveau genre, qui ne tramaient d'autre conspiration que la conservation des précieux jours de leur père et de leur ami. L'un d'eux, nommé Bauthion, tailleur d'habits, qui allait travailler à domicile, comme c'est encore l'usage dans nos campagnes, servait d'éclaireur. Partout où il allait exercer son état, tout en travaillant, il écoutait sans rien dire, observait sans en avoir l'air, faisait même adroitement parler ceux qui pouvaient l'instruire de ce qui se passait, et venait ensuite avertir soit M. Nicolas, soit ses affidés, de tout ce qu'il pouvait y avoir à craindre.

C'est dans les villages d'Olgy, Argancy, Charly, Vigy, Antilly, Ennery, Rupigny,

Vatimont, Louvigny, Haumont, et dans la ferme de Buis que M. Nicolas se réfugiait le plus ordinairement. Là il était toujours sûr du secret, et pouvait compter sur une réception cordiale. Mais c'est surtout à Argancy, chez M. et Mme de Méjanès, qu'il trouvait une généreuse hospitalité, malgré la rigueur des visites domiciliaires que sa présence dans cette maison y avait fréquemment provoquées. On aime à retrouver ici le nom de la digne fondatrice de Sainte-Chrétienne, cette utile et florissante congrégation, qui a pris naissance dans le lieu même où s'abritait contre la persécution M. Nicolas. Les saints devinent les saints ; une sorte d'instinct les rapproche, et Dieu même semble quelquefois opérer ces rapprochements, pour accroître par le contact la vivacité du feu divin qui les consume. On ne saurait dire aujourd'hui jusqu'à quel point les entretiens de ces belles âmes ont contribué à faire de M. Nicolas un martyr, et de Mme de Méjanès la fondatrice d'une pieuse institution; mais on peut penser sans témérité que l'un et l'autre y puisaient un accroissement de charité qui les remplissait d'ardeur pour tous les genres de sacrifices et de dévouements.

Quand c'était à Metz que se retirait M. Nicolas, car là aussi il avait des amis, chaque soir il en sortait sous un habit emprunté, pour aller exercer son ministère, soit à Saint-Baudier, soit ailleurs ; puis, après avoir passé la nuit dans ces saintes fonctions, il rentrait en ville dès le grand matin, les épaules chargées d'une hotte avec des cruches de lait, ou quelque outil de jardinage sous le bras, pour dépister ses ennemis.

Il était d'ordinaire accompagné dans ses courses par des personnes sûres, chargées de le guider et de le protéger, principalement pendant la nuit. M. Durmin, instituteur à Morhange (nous nous plaisons à citer les noms des personnes qui ont, à la sueur de leur front et souvent au risque de leur vie, concouru à tant de bonnes œuvres), l'a souvent accompagné dans ses visites aux pauvres malades. Un jour que, portant le viatique à un moribond, ils traversaient ensemble une prairie, des enfants qui gardaient les bestiaux se mirent à chanter tout spontanément l'hymne *O salutaris hostia !*

— Monsieur Durmin, dit le curé, les anges de la terre adorent le bon Dieu, adorons-le donc aussi.

Et se mettant à genoux tous les deux, ils attendirent dans cette humble posture que les enfants eussent fini de chanter.

Une autre fois, à Louvigny, comme il venait de baptiser un frère de M. l'abbé Louyot (nom vénérable d'un autre confesseur de la foi, que nous aimons aussi à rappeler), il fut tout à coup averti de l'arrivée des gendarmes qui étaient à sa poursuite. Il n'y avait pas de temps à perdre. Le père de l'enfant baptisé emmène précipitamment le saint prêtre hors du village par un chemin détourné, puis, le chargeant sur ses épaules, lui fait ainsi franchir un ruisseau large et assez profond qui s'opposait à leur fuite. A peine parvenus à l'autre rive, ils aperçoivent les gendarmes qui sont sur leurs traces ; mais la distance qui les en séparait et l'obstacle du ruisseau permirent à M. Nicolas et à son compagnon de leur échapper.

Une autre fois encore, à une époque où la persécution redoublait de violence, M. Nicolas, étant à Rupigny dans sa retraite habituelle, reçut avis inopinément que les agents de l'autorité étaient à sa recherche. Accoutumé à ces sortes d'alertes, il s'échappe à la hâte, accompagné du jeune Baudouin, un des enfants auxquels il avait fait faire leur première communion, et gagne les champs. Mais les champs étaient pleins de gens occupés à la terre, et il fallait les traverser sans éveiller l'attention : Dieu protégea les fugitifs. Après divers incidents, après avoir même passé sans être reconnus à deux pas du commissaire en chef du pouvoir exécutif, qui dirigeait les perquisitions, ils gagnèrent la lisière du bois, et bientôt disparurent à tous les regards.

C'était leur salut. Seulement, une fois là, ils ne pouvaient pas songer à en sortir de sitôt : hors de ce bois protecteur tout était danger pour M. Nicolas. Dans cette nécessité, ils choisirent pour retraite un chêne élevé, facile à reconnaître du dehors pour le cas où ils auraient besoin de se rallier après s'être séparés; et, en attendant, ils s'arrangèrent de leur mieux sous son abri. Cependant il fallait vivre dans ce bois, et les glands du chêne ne pouvaient pas fournir le souper. La nuit venue, le jeune homme profita de l'obscurité pour aller chercher des vivres à Rupigny. A son retour, il trouva M. Nicolas occupé à rassembler au pied de l'arbre un tas de feuilles sèches qui leur pût servir de lit jusqu'au jour. Mais, outre les aliments, l'avisé garçon rapportait des couvertures, que la fraîcheur humide d'une nuit d'automne allait faire sensiblement apprécier : il avait pensé à tout.

On avait donc le vivre et le couvert : on soupa, on pria, et l'on se dit bonsoir, couchés paisiblement, côte à côte, sur la jaune dépouille du bois. Quant aux couvertures, l'austère curé de Saint-Baudier avait d'abord déclaré n'en avoir pas besoin ; cependant, faisant réflexion que s'il n'en voulait pas user, son jeune compagnon, par respect, n'en voudrait peut-être pas user non plus, il céda à ses instances, et se passa ce grand relâchement. Saint Charles buvait du vin avec les Suisses pour les gagner à Jésus-Christ.

Baudouin dormit, comme on dort à quinze ans. Lorsqu'il ouvrit les yeux, le bon prêtre, dont la toilette n'avait pas été longue, était levé depuis longtemps, et le soleil, comme dit Baudouin, était déjà bien haut. Après avoir échangé avec son compagnon un bonjour affectueux, et s'être félicité de l'excellente nuit qu'il avait passée, il lui fit admirer les ornements rustiques dont la Providence semblait avoir embelli tout exprès leur demeure improvisée.

— Il s'estimait, dit M. Baudouin, logé plus magnifiquement dans ce fourré qu'un roi dans son palais.

Mais ces magnificences, qui touchaient

sans doute un peu moins le jeune paysan que l'homme de Dieu, ne pouvaient pas tenir lieu de déjeuner. Sentant son estomac, Baudouin s'offrit pour aller de nouveau chercher à Rupigny de quoi satisfaire aux besoins de la journée.

— Non, dit M. Nicolas, va plutôt me chercher ce qu'il me faut pour dire ici la messe; il nous reste encore d'hier un morceau de pain et un peu de vin, cela suffira.

Penser à dire la messe au pied de ce chêne, parmi tant de périls, quel calme audacieux ! Cette fois il y avait bien un peu de folie ; mais quelle folie vénérable ! Ce ne fut pas sans peine que le jeune Baudouin, qui, malgré l'irréflexion et l'inexpérience de son âge, prévoyait les suites que pouvait avoir une telle imprudence, parvint à détourner M. Nicolas de son dessein ; cependant le bon sens l'emporta enfin sur le zèle, et le saint homme se rendit, non sans regret. Ils restèrent dans ce bois deux nuits et trois jours.

Au reste, si M. Nicolas était habituellement accompagné, souvent aussi il cheminait seul, tantôt sous un déguisement, tantôt sous un autre, pour tromper les agens du pouvoir qui étaient à sa poursuite munis de son signalement. Quelquefois, comme nous l'avons vu, il passait bien près d'eux; et où était-il sûr de n'en pas rencontrer ? Cette histoire est pleine de gendarmes; on dirait quelque sinistre légende des Abruzzes, dont le héros est un de ces hommes redoutables qui, par une longue suite de crimes, de vols, d'assassinats, ont attiré sur leurs têtes la malédiction des peuples et la juste vengeance des lois. En vérité, on ne poursuivrait pas avec plus d'acharnement un brigand imprenable des mâquis de la Corse ou des défilés de l'Apennin. Nous en passons cependant, pour ne pas fatiguer le lecteur; mais nous ne saurions les passer tous sans nuire à la fidélité du récit. Qu'on nous en permette encore un, ce sera peut-être le dernier.

On rapporte qu'à une époque où des mandats d'arrêt étaient de nouveau lancés contre le curé de Saint-Baudier, ce pauvre curé, qui venait d'exercer secrètement le saint ministère dans les environs de Courcelles-Chaussy, s'en retournait seul dans sa paroisse sous un costume de paysan. Épuisé de fatigue, il s'était assis sur le bord de la route, à une certaine distance de Courcelles, lorsqu'un gendarme vint à passer. Celui-ci s'arrête, fatigué aussi, à ce qu'il paraît, s'assied auprès du voyageur, entre en conversation avec lui sur le malheur des temps, sur les peines de la vie de gendarme, etc.; puis, après quelques banalités et sans se douter le moins du monde de la condition réelle de son interlocuteur, lui apprend avec l'expression du regret que, conjointement avec plusieurs de ses collègues, il est à la recherche du curé de Saint-Baudier, qui doit avoir passé la nuit à Courcelles, sans qu'on ait pu l'y découvrir.

— Le curé de Saint-Baudier? dit M. Nicolas, mais c'est moi, mon ami, c'est moi; je suis l'homme que vous cherchez...

Il est plus aisé de concevoir que de

peindre l'étonnement du gendarme à cette révélation inattendue. Selon toute apparence, il était peu habitué à une pareille franchise de la part de ceux qu'il était chargé d'arrêter. Il ne profita pas cependant de la bonne fortune que lui procurait celle de M. Nicolas; mais, se voyant seul avec lui, et n'apercevant personne au loin sur la route ou dans les environs, il lui exprima un vif désir de se réconcilier avec Dieu par le ministère d'un prêtre non assermenté, et le conjura enfin d'entendre sa confession sur la place même ; ce qui fut fait. Après quoi le confesseur dit à son pénitent :

— Maintenant je suis à vous, faites de moi ce que vous commande votre devoir.

— Comment ! monsieur le curé, s'écrie le gendarme, moi vous arrêter! moi vous emmener prisonnier après que vous m'avez délié la conscience et que vous m'avez réconcilié avec Dieu ! Jamais, jamais ! J'aime mieux manquer au devoir de ma charge qu'à celui de la reconnaissance que je vous dois. Adieu, monsieur le curé, priez pour moi, s'il vous plaît, et soyez bien assuré que si vous devez être arrêté un jour, ce ne sera pas par moi que vous le serez.

M. Nicolas avait donc trouvé jusque dans les rangs de ses persécuteurs, un protecteur et un ami, et son imprudence même n'avait servi cette fois encore qu'à faire mieux ressortir les sentiments de respect et d'estime dont sa personne était universellement l'objet. Tant de simplicité et de grandeur devait en effet commander l'admiration ; et si le fait est vrai, comme il est difficile d'en douter en présence des témoignages multipliés qui en font foi, nous concevons parfaitement que le dénouement s'en soit passé tel que nous venons de le rapporter. Il nous est moins aisé de comprendre comment M. Nicolas, qui savait qu'on peut bien désirer le martyre, mais qu'on ne doit pas aller au-devant, et qui prenait en conséquence toutes les précautions nécessaires pour échapper à ses ennemis, a pu se découvrir ainsi librement, spontanément, alors qu'il lui était si facile de continuer à garder l'incognito.

— *A l'égard du martyre,* avait-il dit souvent, *je ne m'exposerai pas témérairement à être arrêté:* mais je m'estimerai heureux de l'être, s'il m'arrive un jour d'être surpris; plus heureux encore, si je puis donner ma vie pour la défense et la conservation de la foi dans ma patrie, et surtout dans ma paroisse.

Comment donc ce saint homme avait-il tout à coup agi si contrairement à ses principes et à ses résolutions? Cela ne peut, il nous semble, s'expliquer que de deux manières: ou il manque dans le récit quelque circonstance qui aura obligé M. Nicolas à se faire connaître, comme, par exemple, l'alternative de mentir ou de se nommer; ou bien il aura cédé à quelqu'une de ces violentes tentations du martyre qui le portaient quelquefois à s'exposer et à braver le péril, comme il lui était arrivé dans le bois de Rupigny et dans la forêt de Faulquemont. Ce qu'il y a de certain, c'est que la pensée du martyre occupait habituellement son esprit. Quoiqu'il s'en crût indigne, il en avait le désir et en nourrissait l'espérance, on ne saurait avoir le moindre doute à cet égard. Quelques passages de sa correspondance nous dévoileront sur ce point son âme tout entière.

CHAPITRE VI.

M. Nicolas songe au martyre. — Lettre à un de ses frères. — Autre adressée aux prisonniers. — Autre à des chrétiens persécutés. — Empire que M. Nicolas exerçait sur les consciences ; exhumation d'un protestant.

Dans une lettre à un de ses frères, M. Nicolas, sous l'empire de ses pensées favorites, s'exprime ainsi :

« . . . . Il serait bien nécessaire que Dieu renouvelât ses prodiges pour renouveler la foi, qui devient si faible dans les uns, et qui est si complètement anéantie pour tant d'autres. Mais à qui Dieu pourrait-il, dans ces malheureux temps, accorder le don des miracles? Pour mériter ce don, il faut un vase vide et pur, et où est-il ? Le trouvera-t-on sur la terre, où il n'y a plus de saints, parce qu'il n'y a presque plus de foi, et parce que la charité est refroidie ?... Dieu nous corrige et nous donne des remèdes proportionnés à nos maux. Nos maux sont grands, il faut de grands remèdes. Il faut satisfaire à sa justice. Je bénis Dieu s'il daigne me rendre victime pour moi et pour les autres, et si le sacrifice que je lui fais de ma vie, et que je consommerai peut-être dans les tourments, peut lui être d'agréable odeur. Je voudrais pouvoir lui dire avec les Machabées : *La colère de Dieu cessera sur moi, Dieu saura consoler ses serviteurs.*

» Depuis que je suis en prison, j'ai trouvé de grands adoucissements à lire la vie des saints dont nous avons fait l'office ces jours-ci. D'abord la légende de saint Pierre-aux-Liens, où saint Jean-Chrysostôme dit qu'il aimerait mieux être dans les liens pour Jésus-Christ, qu'assis sur un des douze trônes pour juger avec Jésus-Christ le monde, et qu'il préfère saint Pierre à l'ange même envoyé pour le délivrer. Ensuite l'office de saint Etienne, pape et martyr, où l'Eglise représente les saints brûlant du désir de souffrir mille morts plutôt qu'une seule. Enfin l'office de saint Etienne, premier martyr, et les miracles qu'ont opérés les reliques de tous ces grands saints pour preuve de l'immortalité et de la béatitude de leurs âmes.

» On aurait besoin aujourd'hui de martyrs, mais de saints martyrs. Je puis bien, moi, être martyr; mais c'est tout au plus si le martyre pourrait effacer mes péchés et payer mes dettes en satisfaisant à la justice de Dieu. Il faudrait avoir des mérites de reste pour les appliquer aux autres et faire des miracles ; mais Dieu n'accorde pas de tels dons à des pécheurs comme moi. On doit payer ses dettes avant de de penser à obtenir des grâces.

» Je n'ai pas le tempérament d'un saint; je suis trop sensuel et trop délicat. D'un autre côté, si je veux faire plus que je ne puis, ce n'est plus la grâce qui agit, c'est l'amour-propre. Non, je ne suis pas saint, et je suis incapable de le devenir. Si je puis devenir juste, c'est assez. Il est vrai qu'un juste est un saint, mais un petit saint, qui ne fait point de miracles sur les autres, et qui en fait tout au plus sur lui-même en chassant le diable de son cœur, en vainquant le monde et la chair. C'est déjà beaucoup; c'est assez pour moi. Je prie Dieu de faire le reste par lui ou par d'autres.

» Priez pour moi. »

Dans une autre lettre, qui porte sur le pli pour adresse: *Aux prisonniers*, et qui était destinée sans doute à certains de ses paroissiens arrêtés et détenus pour leur attachement à la religion, il envisage à un autre point de vue les souffrances qu'on peut être dans le cas d'endurer pour la foi.

« Mes chers amis, leur dit-il, je vous prie de ne pas méconnaître la grâce que Dieu vous accorde en vous faisant l'honneur de souffrir quelque peine ou quelque ignominie pour le nom de Jésus. *Bienheureux ceux qui souffrent persécution pour la justice.* C'est Dieu qui parle, croyez-le. Vous pensez peut-être à vos enfants, à vos femmes, à vos ménages, à vos ouvrages qui restent là ? Mais que vous importe, pourvu que votre salut s'opère ? Que chercheriez-vous de plus ? Votre emprisonnement a intimidé plusieurs personnes, mais cela n'arrête pas l'œuvre de Dieu. Ces personnes ne désirent pas moins profiter des secours spirituels des vrais ministres du Seigneur, et il y en a que votre emprisonnement, au contraire, ranime et réveille. C'était un malheur qu'il y eût des prêtres apostats pour endormir le monde ; c'était un autre malheur que le monde crût qu'il n'y avait plus de prêtres catholiques en France ; et c'était un sujet de désespoir de croire que la religion était perdue sans retour. Mais l'histoire de Vatimont a fait voir le contraire, et cette paroisse coupable avait bien commencé à réparer le scandale qu'elle a donné dans ces malheureux temps. Si une partie des habitants n'avait pas eu la faiblesse de faire le criminel serment, tout allait bien.

» Pour vous, tenez ferme, et persévérez dans la confession de votre foi ; ne perdez pas votre couronne, n'en laissez pas l'honneur à d'autres. Dût-il vous en coûter la vie, vous la donneriez pour une bonne cause, et votre sort serait digne d'envie. Vous mourrez tout aussi bien, nous mourrons tous : l'important c'est de bien mourir. Quel malheur y aurait-il quand vous mourriez un peu plus tôt, si c'était pour aller en paradis? Peut-on y être trop tôt ?

» Lisez et méditez l'Ecriture sainte dans le *Manuel du Chrétien*. C'est la parole de Dièu ; fiez-vous-y, elle ne vous trompera pas. *Celui qui aime sa vie*, dit Notre-Seigneur, *la perdra ; et celui qui la perdra pour l'amour de moi, la retrouvera.* C'est un bon marché à faire que de donner la vie temporelle, ou seulement de l'exposer, pour la vie éternelle.

» Il est écrit dans un Psaume : *J'ai reconnu que vous m'aimiez, en ce que vous n'avez pas laissé prévaloir l'ennemi sur moi.* Et ce qu'il y a d'étonnant, c'est que l'Eglise fait parler ainsi les martyrs dans leur office; elle leur met dans la bouche ce qui semble tout le contraire de ce qui leur est arrivé, car l'ennemi a prévalu contre eux, puisqu'ils ont été mis à mort. Or, l'office des martyrs est plein de semblables expressions; est-ce donc qu'ils n'ont pas été vaincus? Est-ce qu'ils n'ont pas souffert? Est-ce qu'ils n'ont pas subi la mort? — Non, la mort n'a pas eu d'empire sur eux; *ils ont paru mourir aux yeux des insensés, mais ils sont en paix.*

» La séparation de l'âme d'avec le corps n'est pas une véritable mort, ou du moins n'est pas une mort à craindre; c'est une mort précieuse aux yeux de Dieu, quand on la subit pour Dieu : *la mort des saints est précieuse aux yeux du Seigneur.* Il n'y a que ce que l'Ecriture sainte appelle *la seconde mort* qui soit à craindre : *Ne craignez pas ceux qui tuent le corps, mais craignez celui qui peut envoyer le corps et l'âme dans l'enfer.*

» Les premiers chrétiens étaient forts comme des lions qui jettent la flamme, parce qu'ils prenaient la nourriture des forts. Vous l'aurez si vous la désirez. Demandez et vous recevrez.

» C'est le défaut de foi qui rend faible. *Gens de peu de foi*, disait Jésus-Christ, *pourquoi craignez-vous ?* Il est naturel de craindre, mais c'est un don de Dieu de ne pas craindre. Demandez ce don; et pour vous disposer à le recevoir, envisagez les biens éternels : vous ne craindrez pas d'en faire l'échange. Je souhaite et je demande à Dieu votre délivrance ; mais soyez assurés que vous ne perdez pas votre temps, et que vous répandez la bonne odeur de Jésus-Christ, pourvu que vous ne rachetiez pas votre liberté par quelque lâcheté et trahison de votre foi. Votre sort, je le répète, est digne d'envie. Je vous félicite, mais je vous souhaite la patience pour que votre victoire soit complète. Il vous est plus avantageux d'avoir la patience que la délivrance; et vous ne demanderez votre délivrance que par défaut de foi et de patience, à moins que ce ne soit conditionnellement et avec résignation, comme quand Jésus-Christ disait : *Mon père, faites, s'il se peut, que ce calice s'éloigne ; cependant, que ce ne soit pas ma volonté qui se fasse, mais la vôtre !*

» Voici que les chrétiens sont affamés de la parole de Dieu et des Sacrements : c'est une bonne marque quand l'appétit revient à un malade. Le parti catholique se fortifie étonnamment : je ne cesse pas un moment d'avoir de grandes occupations, et on me tire quelquefois de tant de côtés que je ne sais où aller de préférence. Le parti schismatique m'appelle *homme de sang ;* mais je ne cherche pas le carnage, je ne cherche que le salut des corps et des âmes, et s'il en arrive des maux, c'est contre mon intention, car je n'ai en vue que de préserver mes frères des maux éternels. *Dominus vobiscum.*

» Ne craignez pas de passer pour fanatiques ; vous ne le serez pas, tant que vous

vous défierez de vous-mêmes et que vous vous confierez en Dieu. Un fanatique est un homme plein de lui-même, qui se fait une religion à sa mode.

» Je vous prie de communiquer ma lettre autant qu'il vous sera possible. J'apprends qu'on fait souffrir à bien d'autres les peines que vous souffrez. Dieu en soit béni ! C'est une grâce qu'il leur fait. Il n'est pas donné à tous de souffrir pour la religion. »

Malgré sa longueur, nous aurions eu regret à supprimer une ligne de cette admirable lettre, qui semble avoir été écrite à de généreux confesseurs de la foi, dans les plus beaux temps de l'Eglise, par un saint Cyprien ou par un saint Ignace d'Antioche. Dans une autre, écrite sans doute antérieurement, mais à ses paroissiens aussi, tourmentés et persécutés pour la foi, il dit :

« Mes chers frères, je plains votre sort d'être persécutés comme vous l'êtes ; mais si vous étiez pleins de foi, comme je le souhaite, je vous féliciterais d'être dans le cas de confesser votre foi.

» Quand Dieu demande le sacrifice des biens, il faut le faire; ils sont à lui, et il peut nous les ôter. Quand il demande le sacrifice de la vie, il ne faut pas le lui refuser. Or, il demande ce sacrifice quand il n'y a plus qu'à choisir entre la mort et l'apostasie.

» Il y a des chrétiens qui tiennent bon contre la persécution jusqu'aux injures ; et quand ils reçoivent des injures, ils cèdent et succombent. Il y en a qui vont jusqu'à souffrir longtemps les mauvais traitements, et puis qui n'y résistent plus. Il y en a qui tiennent jusqu'à la prison, et que la prison ensuite affaiblit. Il y en a qui demeurent dans le parti catholique jusqu'à la perte de leurs biens, mais pas au-delà. Il y en a qui tiennent longtemps dans les tourments, et qui enfin se laissent vaincre, et participent au schisme en faisant semblant de penser comme les schismatiques. Or, tous ces chrétiens ne surmontent pas la tentation, ils ne tiennent pas contre les épreuves; ils succombent, ils apostasient; ils ne seront pas sauvés, s'ils ne se relèvent de leur chute et s'ils ne réparent leur lâcheté en résistant de nouveau et en combattant généreusement. C'est là le moyen qui leur reste de réparer leur faute et d'en obtenir la rémission. Mais il y en a bien peu qui combattent jusqu'à la fin, c'est-à-dire jusqu'à la mort ; et cependant Jésus-Christ a dit que celui-là seul sera sauvé qui aura persévéré jusqu'à la fin. »

Voilà par quel langage ferme et vraiment apostolique le zélé pasteur s'efforçait de soutenir son troupeau contre la tentation de l'apostasie et la faiblesse dans les épreuves. Ce pauvre curé de campagne, qui maçonnait les murs de son presbytère et qui battait le blé de ses sillons, s'élève ici, sans s'en douter, à la hauteur de l'éloquence, mais de cette éloquence antique, de cette éloquence naturelle et vive qui doit toute sa beauté à la force des convictions et à la hauteur des sentiments. L'efficacité de cette grande parole avait sa source dans le caractère bien connu de celui qui la proférait, et dans la gravité des circonstances qui l'obligeaient à parler. Nous la verrons s'élever encore à mesure que la situation s'aggravera; mais telle que nous l'avons entendue jusqu'ici, avec ce juste tempérament de simplicité et de dignité, avec ce sentiment profond de charité et de foi, avec ce don absolu de soi jusqu'à la mort, et jusqu'à la mort du martyre, on conçoit l'empire extraordinaire que M. Nicolas, même absent, a constamment exercé sur sa paroisse. En voici un trait qui fait trembler par réflexion.

Nous avons parlé d'une famille protestante domiciliée sur la paroisse de Saint-Baudier, dont la conversion était si vivement désirée par le bon curé, qu'on attribuait en partie à ce pieux désir son pèlerinage aux tombeaux des saints Apôtres. Ces gens demeuraient à la ferme dite la Grange-d'Envie, et se nommaient Leclerc. Or, il arriva que le chef de cette famille étant venu à mourir, fut inhumé sans aucune cérémonie, comme aussi sans difficulté, dans le cimetière de la paroisse. M. le curé ayant appris dans sa prison cette profanation du lieu-saint, exclusivement réservé à la sépulture des catholiques, écrivit à ses paroissiens une lettre de reproches sévères, leur enjoignit avec autorité de procéder sans délai à l'exhumation, et, en cas de refus d'obéissance, les menaça de les abandonner, de les renier pour ses paroissiens, et de ne plus reparaître jamais au milieu d'eux, s'il venait un jour à recouvrer sa liberté. Les paroissiens de Saint-Baudier, dont nous connaissons l'attachement et le respect pour leur curé, et qui ne craignaient rien plus que l'espèce d'excommunication dont il les menaçait, se disposèrent à exécuter cet ordre. Les enfants du défunt ayant eu quelque nouvelle de leur projet, réclamèrent avec violence, menacèrent de recourir à l'autorité civile, et veillèrent soigneusement à la garde de la sépulture de leur père; mais le bruit qu'ils firent n'arrêta point les intrépides paroissiens de M. Nicolas, et leur vigilance fut en défaut.

Par une nuit très-obscure, on procéda en silence, avec les plus minutieuses précautions, à l'ouverture de la fosse et à l'exhumation du cadavre. Pendant que les uns creusaient pour extraire, d'autres creusaient plus loin pour enfouir. Lorsque les premiers furent arrivés au cercueil, ils l'ouvrirent, en tirèrent le corps, puis, après avoir refermé le cercueil et l'avoir recouvert de terre, transportèrent le mort au moyen d'une civière dans un terrain situé à deux cents mètres du village environ, où il fut enterré de nouveau. Ce terrain, appelé aujourd'hui *le petit pré Turlette*, est au bord de la route, près du pont. Il n'y a pas, dit-on, dans toute la paroisse, un enfant de quatorze à quinze ans qui ne sache où a été mis *le protestant*, et qui ne vous en montre la place. Sa famille seule paraît n'avoir jamais eu connaissance de ce fait, qui l'intéressait à un si haut degré, tant les mesures avaient été bien prises et le secret religieusement gardé. L'opération terminée, on en avait fait soigneusement disparaître les moindres traces. La Providence d'ailleurs y avait concouru en envoyant pendant la nuit une neige épaisse, qui effaça jusqu'aux derniers vestiges de cette œuvre hardie.

Il était temps que Dieu s'en mêlât et qu'il protégeât un acte de cette nature, qui, dans les circonstances où l'on se trouvait, pouvait avoir pour leurs auteurs, et peut-être pour la paroisse tout entière, de si terribles conséquences.

— C'était, dit un propriétaire de Saint-Baudier de qui nous tenons une partie de ces détails, à faire brûler le village et mitrailler les habitants !

Nous n'avons, au reste, rapporté cet événement que pour donner une idée de l'autorité que M. Nicolas exerçait sur sa paroisse, et de la force des liens qui unissaient le troupeau et le pasteur. Comme on vient de le voir, c'était entre eux à la vie et à la mort, et nous ne saurions assez nous édifier soit d'un tel empire, soit d'une telle soumission : si nous devons périr un jour, ce ne sera ni par l'autorité, ni par l'obéissance que nous péririons.

CHAPITRE VII.

L'anabaptiste de Destry. — M. Nicolas est arrêté à Vatimont. — Sa détention à la Conciergerie. — La persécution se ralentit. — Entretien de M. Nicolas avec deux commissaires du département.

La protection divine, qui avait jusque-là soustrait M. Nicolas aux poursuites de ses ennemis, se servait quelquefois à cette fin d'étranges instruments. Un soir qu'il était à Destry, où il pensait dire la sainte messe vers une heure du matin dans une maison sûre, on entendit entre neuf et dix heures un fort coup de sifflet qui semblait un signal convenu. Ne sachant si ce coup de sifflet était un avertissement pour lui ou contre lui, M. Nicolas fit soigneusement cacher tout ce qui était déjà préparé pour le saint sacrifice, et s'éloigna de cette maison. Vers minuit, l'autorité se présenta, fit une perquisition minutieuse, qui n'amena aucune découverte, et enfin se retira. C'était bien; mais d'où était parti le coup de sifflet? Par qui et avec quelle intention avait-il été donné?... Voici ce qu'on en sait. Vis-à-vis de la maison où M. Nicolas s'apprêtait à dire la messe, était une auberge très-fréquentée. Ce soir-là il y avait beaucoup de monde, et, parmi les gens de l'endroit, un étranger qui y était entré pour se rafraîchir. Cet étranger, que personne ne connaissait et qui se tenait seul dans un coin de la salle, entendit un groupe de buveurs parler d'un prêtre caché dans la maison voisine, qu'on espérait saisir cette nuit au moment où il dirait la messe. Ce propos, qu'il n'eut pas l'air d'écouter, lui inspira quelque intérêt pour le malheureux dont ces hommes s'entretenaient; il sortit peu après pour reprendre son chemin, et, comme lui-même l'a rapporté depuis, donna ce coup de sifflet dans l'espérance que le prêtre menacé l'entendrait, le comprendrait, et pourrait s'éloigner avant l'heure fixée pour l'exécution du complot. Or, qu'était-ce que cet étranger? Un anabaptiste !...

Mais M. Nicolas ne devait pas toujours échapper. La Providence a ses temps marqués. *Mon heure n'est pas encore venue*, disait un jour Notre-Seigneur ; et un autre jour, *voici que mon heure est venue.* Ainsi en fut-il du saint prêtre dont nous racontons l'histoire ; après tant d'infructueuses recherches dirigées contre lui, son heure vint enfin.

Le 5 avril 1795, le propre jour de Pâques, où il fut constaté que M. Nicolas, dans des intentions qui ne peuvent être appréciées que de Dieu, et qui ont pu être le résultat d'une inspiration divine, avait célébré successivement la sainte messe à Haut-la-Cour, à Thicourt, à Vatimont et à Han-sur-Nied, il venait d'accepter à dîner dans cette dernière paroisse chez M. Gandar, oncle par alliance de M. l'abbé Point. Vers midi, deux gendarmes descendirent à Vatimont chez des parents de M. Nicolas réputés démocrates. L'aïeul paternel de M. l'abbé Point s'en étant aperçu, et ayant vu les gendarmes sortir un instant après et se diriger du côté de Han, fit partir son fils en toute hâte pour prévenir M. le curé de Saint-Baudier. Malheureusement, ce jeune homme, malgré tous ses efforts, ne put devancer les gendarmes, qui descendirent tout droit chez M. Gandar, se saisirent de M. Nicolas encore à table, et l'attachèrent à un de leurs chevaux. Mais il était plus aisé encore de le surprendre que de l'emmener. A la nouvelle de cette arrestation, les habitants de Han se soulevèrent, s'armèrent de perches, de fourches, de tout ce qui leur tomba sous la main, et voulurent s'opposer à ce qu'on emmenât le saint prêtre, leur ami, leur père spirituel, leur ancien vicaire. L'homme de Dieu demanda de la main qu'on fît silence :

— Cessez, mes amis, dit-il avec tranquillité, cessez cette opposition violente. Je vous sais gré de votre bon vouloir, mais laissez faire le bon Dieu. Si c'est sa volonté que je sois conduit en prison et condamné, vous ne pouvez rien pour l'empêcher ; s'il veut, au contraire, s'opposer à mon arrestation, il le fera bien sans vous. Je vous le demande, mes enfants, au nom même de l'attachement que vous me témoignez, cessez toute opposition, demeurez paisibles, et confions-nous, vous et moi, à la sainte Providence.

Ces paroles produisirent leur effet ; le calme se rétablit, et les habitants, en silence, suivirent de leurs yeux mouillés de larmes le saint prêtre, emmené garrotté par les gendarmes.

A la suite de cette arrestation, M. l'abbé Nicolas fut écroué à la Conciergerie, où il demeura près de deux ans. Pendant tout ce temps il fit ce qu'il faisait avant d'être privé de la liberté, il s'occupa sans relâche de son salut et de celui de ses ouailles, sa pensée de tous les instants. Dans ce but, outre ses exercices ordinaires de piété, il écrivait fréquemment à ses paroissiens et à ses pénitens pour les fortifier ou les consoler; il composait des cantiques; il entendait même des confessions, car un certain nombre de personnes continuaient à s'adresser à lui, et parvenaient à pénétrer jusque dans sa chambre, transformée en une espèce d'oratoire, où il disait la messe. On ne sait vraiment à quelle protection, après Dieu, M. Nicolas dut cette faveur de pouvoir confesser et offrir le saint sacrifice dans la grande chambre qu'il occupait seul à la Conciergerie; mais le fait est hors de doute. Quelques-uns de ceux qu'il y entendit plusieurs fois en confession, sont morts seulement depuis peu, et il en existe encore, au moment où nous écrivons, qui y ont servi sa messe. Il suffisait, pour entrer, d'un léger cadeau au geôlier ou à sa femme; l'intégrité de ces honnêtes fonctionnaires n'était pas à l'épreuve d'un pain de beurre ou d'une douzaine d'œufs, moyens de séduction trop à la portée des habitants de Saint-Baudier pour qu'ils n'en fissent pas usage de temps en temps.

Du reste, la persécution s'était adoucie. Aux terroristes de 1793 avaient succédé, dans le gouvernement des affaires, des hommes moins tranchants et moins expéditifs. On était même déjà loin de ce 9 thermidor qui avait mis un terme à la *Terreur* et avait permis enfin à la France de respirer. Les portes des prisons s'étaient ouvertes successivement pour celles des innombrables victimes de la dénonciation et du fanatisme politique qui avaient eu le rare bonheur d'échapper aux *coupes réglées* de la Convention, et il suffisait souvent de légères concessions à l'esprit et aux idées du temps pour obtenir d'être élargi. M. Nicolas l'eût obtenu à son tour, s'il eût été homme à faire de ces concessions; mais nous savons combien il y était peu disposé.

« Hier, dit-il en date du 10 juillet dans une pièce écrite en partie de sa main et en partie de la main d'un maître d'école d'Augny, détenu dans le même temps et dans le même lieu, hier vers les cinq heures après midi, sont entrés dans ma chambre deux envoyés du département, qui se sont annoncés en disant qu'on travaillait à ma sortie de prison, et qu'ils venaient voir s'ils me trouveraient dans des dispositions favorables à cet effet; que ces dispositions, au reste, étaient tout simplement la *soumission aux lois de l'État*. Puis, après un moment de silence: N'avez-vous point de plaintes à faire, reprirent-ils? Êtes-vous content ici?

R. Oui, j'y suis très-bien; il ne me manque rien du côté de la nourriture; je ne fais rien, et je suis mieux nourri que quand je travaillais.

D. Il ne vous manque que la liberté. — Mais voilà une belle grande chambre pour vous seul.

R. Non, il ne me manque que cela, car j'ai assez bon air, et je prendrais l'air encore hors de ma chambre, si je voulais. — Voilà le maître d'école d'Augny qui est détenu aussi, et qui n'est pas plus coupable que moi. Quand est-ce qu'on le mettra en liberté?

— Il participe avec vous, répliqua un de ces Messieurs, aux offrandes de la messe, et j'ai entendu dire que vous l'assistez, aussi bien que les autres prisonniers. Mais il a mal fait de parler, il devait tenir pour lui ce qu'il a dit. On doit respecter les lois.

— Il faudrait pour cela, répondis-je, que ces lois fussent de véritables lois; car qui dit loi dit un précepte juste, et celles dont il s'agit ne sont pas justes.

Ils me dirent là-dessus qu'il fallait se soumettre aux puissances, et que l'Écriture même l'ordonnait.

— Oui, dis-je, il faut se soumettre aux puissances établies de Dieu.

D. Et pensez-vous qu'il y en ait d'autres? Ne faudrait-il pas se soumettre même à un usurpateur?.....

R. Si l'on ne nous eût pris que nos biens temporels, le mal n'était pas si grand. Il en est de ces biens-là comme des cheveux: quand on les a coupés, ils reviennent; et s'ils ne reviennent pas, on s'en passe. Vous m'avez ôté les biens de ma cure et encore d'autres; ai-je fait beaucoup d'éclat à cette occasion? (Ici l'un de ces Messieurs dit à l'autre, à ma louange, des choses que je n'ai pas besoin de rapporter.)

— Tout vient de Dieu, me dirent-ils ?

— Il est vrai, répondis-je, que tout vient de Dieu, que c'est lui qui fait tout ; mais il y a des choses qu'il fait dans sa miséricorde, et d'autres qu'il fait dans sa colère. Je me soumettrais à un usurpateur dans le temporel, non dans le spirituel. Or, les lois de juridiction ecclésiastique qu'on tente de faire par la démarcation des cures du Diocèse, et par l'élection et mise en possession des pouvoirs sacerdotaux, attaquent le spirituel ; et il en est de même de la relaxation des vœux, du mariage des religieux et des prêtres, du divorce, et autres semblables abominations.

— Eh bien ! reprirent-ils, ne vous mariez pas ; contentez-vous de vos opinions, pensez en votre particulier tout ce qu'il vous plaira, et laissez faire les autres. Ils laissent vos opinions libres, laissez libres les leurs.

— Je ne saurais me taire ; il faut que je fasse valoir le peu de force que Dieu m'a donnée, car il me demandera compte de toutes les âmes que j'aurai laissé périr. Les opinions ne sont libres que dans ce qui n'est pas essentiel au salut, et qui n'est pas consigné dans les saintes Écritures. Il n'y a que des incrédules qui puissent penser autrement.

Ils me dirent alors que ces âmes dont je m'inquiétais ne périraient pas pour cela; qu'on peut avoir de la probité et être honnête homme sans tant de cérémonies.

— Oui, répliquai-je, on peut avoir une probité naturelle; mais cette probité ne sauve pas, il en faut une surnaturelle.

— Et qu'avez-vous besoin d'aller damner les autres s'ils ne pensent pas comme vous, de déclamer contre ceux qui achètent des biens nationaux ou contre les prêtres qui ont fait le serment, et de courir par le monde comme vous faisiez?

— Je prêche l'Évangile, et je ne puis prêcher l'Évangile sans prêcher contre ceux qui le transgressent par leurs lois et par leur conduite. Les lois que je viens de citer ne valent rien, et le serment qui y oblige ne vaut pas mieux. Je ne puis prêcher l'Évangile et approuver tous les cultes, puisque l'Évangile ne reconnaît qu'une foi, qu'un Dieu, qu'un vrai culte du vrai Dieu. Admettre plusieurs cultes, c'est les nier tous, puisque c'est admettre des choses incompatibles. Il faut être baptisé pour être sauvé, et je ne saurais ouvrir la bouche pour prêcher l'Évangile à un juif, à un païen, sans lui tenir le même langage. Au demeurant, si l'on m'avait laissé dans ma cure, je n'aurais pas tant parlé ni tant couru. Je cultivais mon jardin, je battais mon blé, je baptisais.....

— Si vous voulez faire de même maintenant, on vous remettra dans votre commune.

— Je m'engagerais volontiers à faire de même s'il n'y avait pas nécessité de faire autrement; mais il faut aujourd'hui courir après les brebis égarées, et les ramener au bercail, au sein de l'Église, hors de laquelle il n'y a point de salut.

— Ce n'est pas l'Évangile, reprit l'un de ces Messieurs, c'est le catéchisme qui dit :

Hors de l'Église il n'y a point de salut, et sans le baptême on ne peut être sauvé.

— C'est l'Évangile, lui dis-je, et je vais vous le montrer.

— Mais, ajouta-t-il, les juifs sont baptisés à leur façon.

— Les juifs ne sont pas baptisés, ils sont circoncis. Nous avons, il est vrai, les mêmes commandements qu'eux, et notre loi est entée sur la leur; mais ils sont le tronc et nous sommes la greffe, et partant nous devons porter de meilleurs fruits. Ils avaient plusieurs femmes, ils faisaient divorce; Jésus-Christ nous oblige à quelque chose de mieux, sans quoi nous n'entrerons pas dans son royaume. « *Si un homme*, dit-il, *ne renaît de l'eau et du Saint-Esprit, il ne peut entrer au royaume de Dieu.* » Il faut donc le baptême d'eau, et une vie conforme aux engagements qu'on y a pris.

— Il faut la paix dans un État, et ces disputes ne tendent qu'à la division.

— Ah! dis-je, nous avions la paix ci-devant, et l'Évangile est un Évangile de paix.

— L'Évangile est bien respectable, reprit un de mes interlocuteurs, mais, je le répète, il faut se soumettre aux lois; et je suis persuadé que si vous voyiez deux hommes se prendre par la tête pour défendre leurs opinions, vous courriez les séparer.

— Je ne courrais peut-être pas si fort; j'aurais peur d'attraper, en passant, quelque mauvais coup. Mais je n'ai point excité de séditions, et il ne s'est point commis de meurtres à l'occasion de mes courses. S'il s'est élevé une émeute quand les gendarmes m'ont appréhendé, j'ai eu soin de l'arrêter; et je me suis mis ensuite à courir avec eux, pour écarter le danger auquel j'aurais exposé mes amis.

— Vous avez cependant cherché à être martyr?

— Je le voudrais encore être; mais il ne faut pas aimer l'effusion du sang.

— Eh bien, nous ne voulons pas non plus répandre votre sang; nous voulons vous conserver, et seulement modérer votre zèle. Cependant il ne paraît pas que vous ayez beaucoup profité en prison, et il est certain que vous ne souffririez jamais les prêtres assermentés. »

Je ne répondis rien à cela, et l'entretien n'alla pas plus loin. Ces Messieurs, qui m'avaient deux fois demandé si je n'avais pas de plaintes à former sur la manière dont j'étais traité dans la prison, et à qui j'avais dit que non, si ce n'est qu'on ne laissait pas venir le monde comme j'aurais voulu, ce qui me causait un excès de repos nuisible à ma santé, ces Messieurs, dis-je, me quittèrent et allèrent visiter les autres prisonniers.

CHAPITRE VIII.

M. Nicolas est inflexible. — Lettre sur l'obéissance aux lois. — M. Nicolas sort de prison; il reprend sa vie errante. — Arrêté de nouveau, il est condamné à la déportation. Sa rentrée en France.

Il est clair, par la teneur du précédent document, que les deux visiteurs, sans comprendre les raisons de M. Nicolas, et sans apprécier l'élévation des motifs qui le faisaient agir, étaient animés pour lui de sentiments bienveillants, et cherchaient un moyen de lui faire recouvrer sa liberté; mais, quelque touché qu'il pût être de leurs procédés honnêtes, le curé de Saint-Baudier n'était pas homme à se laisser prendre par la subtilité d'un sophisme, ni à céder quoi que ce fût de ce qu'il regardait comme son devoir, quand on lui aurait offert à ce prix tous les biens de ce monde. Aussi, bien loin de se rendre, s'affermit-il de nouveau dans sa résolution de tenir jusqu'à l'extrémité; et s'efforça-t-il de faire partager la même détermination par ses amis et ses paroissiens. On sent, dans ses lettres de cette époque, qu'il tient surtout à ne laisser aucun doute sur le sens qu'on doit donner à ces mots sans cesse allégués par les partisans du nouvel ordre de choses : *Il faut obéir aux lois.*

Dans une lettre en tête de laquelle on lit : Aux fidèles dispersés *qui étaient comme des brebis égarées*, mais qui *maintenant sont retournées à Celui qui est le pasteur et l'évêque de leurs âmes*, il s'exprime ainsi :

« Chers chrétiens convertis, je pense que vous ne tenez plus le langage que vous avez tenu, que votre extérieur et votre intérieur sont changés. Au moins le sens de vos paroles ne doit-il pas être le même.

Il n'y a rien de plus commun que d'entendre ces belles paroles : *Il faut obéir aux lois.* Oh ! que ces mots sont beaux ! Que l'écorce de ce fruit est belle ! Mais, hélas ! que veut-on dire en parlant ainsi ? On veut dire qu'il faut désobéir à Dieu, et obéir aux hommes qui commandent ce que Dieu défend. — Les apôtres disaient à leurs juges : *Voyez vous-mêmes s'il est juste devant Dieu de vous obéir plutôt qu'à Dieu* (act. 4. 19) ; et ailleurs (act. 5. 23), Pierre et les Apôtres dirent : *Il faut obéir à Dieu plutôt qu'aux hommes.* — Que deviendra donc, nous objecte-t-on, cet oracle de l'Ecriture : *Rendez à César ce qui est à César* (Math. 22) ? et cet autre (Rom. 13) : *Que toute personne soit soumise aux puissances supérieures, car il n'y a point de puissance qui ne vienne de Dieu ; c'est lui qui a établi celles qui sont sur la terre. Celui donc qui s'oppose aux puissances s'oppose à l'ordre dont Dieu est l'auteur, et ceux qui s'y opposent attirent sur eux-mêmes une juste condamnation ?* Que deviendront ces vérités, dit-on ? — Je réponds à cela qu'elles me sont aussi chères qu'à qui que ce soit. Répondez de même, mes frères ; mais ajoutez que si Jésus-Christ veut qu'on rende à César ce qui est à César, il veut aussi qu'on *rende à Dieu ce qui est à Dieu.* Il entend que César n'exigera rien et ne pourra rien commander contre Dieu ; que si la puissance temporelle, usurpant l'autorité et abusant du pouvoir, commande ce qui ne convient pas, il faut rendre toujours à Dieu ce qui est dû à Dieu, et ne rendre à César, au prince, aux puissances temporelles, que ce qui leur est dû, parce que dans ce cas Jésus-Christ vous dit : *Nul ne peut servir deux maîtres* qui se contredisent. Il faut servir le plus fort quand il a la justice de son côté, ou qu'on ne peut lui résister sans troubler l'ordre, et cela s'entend dans le temporel. *Rendez donc à chacun*, dit le texte sacré, *ce qui lui est dû : le tribut à qui vous devez le tribut, les impôts à qui vous devez les impôts*, etc. *Et cela, non point par la crainte du châ-*

timent, mais par devoir de conscience. Tout cela enfin pour Dieu, et par conséquent sans préjudice de ce qui est dû à Dieu, et n'est dû qu'à Dieu, ce qui s'entend surtout des devoirs de religion. — Ainsi, lorsque la puissance temporelle attaque votre foi, votre religion, elle attaque Dieu en vous; et si vous lui obéissez, vous abandonnez Dieu, que vous devez aimer sur toute chose et plus que vous-mêmes, Dieu pour qui vous devez mourir plutôt que de quitter son parti et de l'offenser. — Voilà votre force : Dieu vaincra en vous et vous vaincrez par lui, même en mourant, comme ont fait Jésus-Christ et les martyrs. Ainsi, dans le temporel obéissez aux puissances temporelles, et dans le spirituel obéissez aux puissances spirituelles, qui sont l'Eglise votre mère, et Dieu votre père. »

C'est comme une conséquence rigoureuse de cette solide doctrine, dont il voulait pénétrer ses ouailles, que M. Nicolas résistait à toutes les insinuations, comme il avait résisté à toutes les menaces et à toutes les persécutions du pouvoir. Les rigueurs s'étaient adoucies, il est vrai; mais ce léger tempérament n'avait pas changé sa situation ni amoindri ses devoirs de pasteur et de prêtre. D'ailleurs tout était encore mobile et flottant dans l'état politique de la France; les révolutions se succédaient rapidement dans la Révolution même, et amenaient de temps à autre des revirements et des recrudescences de persécutions, principalement contre le clergé, objet dominant et constant de la haine des puissances du jour. Aussi M. Nicolas, dans cette même lettre, ajoute-t-il en terminant :

« Voici une nouvelle tempête qui s'élève, je suis privé de dire la sainte messe; mais je fais ce que j'enseigne aux autres, je me soumets à la sainte volonté de Dieu, qui veut m'exercer et m'éprouver. Je suis content de Dieu, et je souhaite qu'il soit content de moi. — N'allez pas croire, au reste, que je m'ennuie en prison. On ne s'ennuie ordinairement que quand on manque de compagnie, d'ouvrage, de subsistance ou de consolation. Or, je ne manque pas de compagnie; quelquefois, souvent même, on m'importune en m'amusant de propos hors de saison, de sorte que je n'ai pas la moitié du temps que je voudrais pour travailler et m'occuper. Je ne manque de rien. Enfin, je suis détenu et persécuté pour la religion et la justice : je suis donc heureux et content. Priez pour moi, afin que je persévère. Je prie aussi pour vous. »

Comme on le voit par cette lettre, la détention de M. Nicolas était redevenue plus étroite et plus sévère. Dans une autre, adressée à une de ses cousines, qui lui avait envoyé trois francs, après avoir remercié cette bonne parente et avoir salué plusieurs de ses amis et fidèles, il ajoute: « Nous espérons toujours sortir dans peu; mais ce ne sera que quand il plaira à Dieu. La Providence pourvoit ici à mes besoins, et cela fait que je n'y manque de rien, si ce n'est de liberté et d'exercice au grand air. Le dix-huitième mois va finir dans moins de huit jours. J'ai eu de temps en temps quelques abcès ; il m'en est percé un ces jours-ci. C'est le quatrième, sans compter ce qu'on appelle des clous , que j'ai souvent. »

Il y avait donc à la fois redoublement de sévérité et espérance prochaine d'élargissement ; mais cette espérance ne se réalisa que trois mois après. Ce fut, selon toute apparence , dans les derniers jours de décembre 1796 que M. Nicolas fut rendu à la liberté, sans que nous puissions dire à quelles conditions, ni en vertu de quelle loi ou de quel arrêté du gouvernement d'alors. Nous n'avons retrouvé aucune trace de cet événement. Mais ce qui ne peut pas faire l'ombre d'un doute, c'est que M. Nicolas, en sortant de la Conciergerie, ne fit aucune soumission qui répugnât à sa conscience et qui enchaînât son zèle. Outre les protestations qu'on en trouve dans sa correspondance, son retour immédiat à la vie de dévouement, de fatigues et de périls qui avait amené son incarcération, en est une preuve sans réplique.

Ainsi, M. Nicolas, redevenu libre, s'appliqua de nouveau, par tous les moyens en son pouvoir, à procurer le salut des âmes. Comme le lui disaient ses visiteurs officiels à la Conciergerie, *il n'avait pas beaucoup profité en prison;* il en était sorti tel qu'il y était entré. Après comme avant, comme pendant sa détention, *la charité de Jésus-Christ le pressait,* et il ne prenait point de repos, parce que les âmes confiées à ses soins étaient en danger de se perdre. Mais les mêmes faits amenèrent le même résultat. Dénoncé de nouveau à l'autorité, poursuivi, traqué pendant près de neuf mois, il fut enfin découvert à Metz, dans un grenier de l'ancienne maison des sœurs Colettes, caché derrière des fagots. Arrêté et traduit devant une commission militaire, qui le condamna, par un jugement en date du 23 septembre 1797, à la peine de la déportation, il fut immédiatement extrait de la maison d'arrêt, et conduit de brigade en brigade hors du territoire de la République.

On croyait s'être débarrassé de ce prêtre entêté, de cette espèce de *fou*, comme l'appelaient officieusement ses avocats, qui s'obstinait à vivre à la manière des loups dans les bois, et semblait prendre plaisir à endurer toute espèce de maux, pourvu qu'il baptisât, qu'il confessât, qu'il visitât les malades et administrât les mourants; mais il ne profita pas plus dans l'exil qu'il n'avait profité dans sa prison: la maladie dont on avait espéré le guérir était sans remède. Deux mois s'étaient à peine écoulés qu'il avait déjà repassé la frontière et reparu dans le pays.

Cette fois encore, ce fut le toujours fidèle Collignon qui reçut le premier avis de sa rentrée en France.

« Mon cher Collignon, lui écrit-il en date du 4 décembre 1797, comme vous m'avez suivi et vu le dernier lorsque je partais pour l'exil, il est juste que vous soyez averti le premier de mon retour. C'est la conduite que Notre-Seigneur a tenue envers Marie-Madeleine, qui, étant demeurée sur le

Calvaire et au sépulcre du Sauveur, mérita d'être la première à le voir ressuscité. Il est juste que je connaisse et reconnaisse les brebis qui me connaissent. Il est écrit du Bon Pasteur qu'il connaît ses ouailles et que ses ouailles le connaissent. Je connais donc mes brebis, mais je connais surtout celles qui me connaissent, et qui me connaissent dans le temps de la nécessité; car il y a assez d'amis dans la prospérité. Or, on ne les connaît bien que dans la nécessité, et alors il en reste peu, mais ce sont les bons. »

Dès les premiers jours de décembre 1797, M. Nicolas était donc rentré dans le pays et y avait repris le cours de ses travaux apostoliques, qu'il continua sans interruption jusqu'à la fin de juillet 1798. Il atteignait alors sa 54e année; mais l'âge n'avait affaibli ni la vigueur de sa constitution, ni la brûlante activité de son zèle. Il nourrissait d'ailleurs au fond de son âme l'espérance d'obtenir enfin le prix de tant d'efforts, de souffrances, de sacrifices; et, bien loin de penser à s'arrêter dans cette sainte carrière, il y redoublait d'ardeur, comme s'il eût entrevu la couronne qui l'attendait à la dernière borne.

CHAPITRE IX.

M. Nicolas est arrêté une troisième fois. — Son séjour à la maison d'arrêt. — La pensée du martyre le suit toujours. — Combats de la nature contre la grâce. — Lettres à son ami Etienne, à une personne inconnue, à la sœur Marthe.

Le dénouement approchait effectivement. La patience des hommes se lassait, et l'heure marquée par la divine miséricorde devait bientôt sonner. Vers la fin du mois de juillet, M. l'abbé Nicolas, déguisé en jardinier, était venu chercher à Metz un de ses refuges accoutumés, chez M. Stef, boulanger, rue Mazelle, près du pont Sailly. Il y était depuis deux ou trois jours, lorsque le 29 de grand matin, ayant été dénoncé par un plâtrier qui, d'une maison voisine où il travaillait accidentellement, lui avait vu dire la messe dans sa chambre, il fut arrêté pour la troisième fois, et reconduit à cette même maison d'arrêt qu'il avait occupée l'année précédente. La troupe qui le vint prendre encore couché, et qui lui donna à peine le temps de se vêtir, était composée des mauvais sujets du quartier, et de quelques soldats conduits par un commissaire. M. Nicolas portait une redingote grise, et avait encore le bonnet avec lequel il avait couché.

Ses généreux hôtes, M. et Mme Stef, furent arrêtés aussi comme ayant caché un prêtre réfractaire, et furent mis tous les deux en jugement; mais Mme Stef ayant assumé sur elle toute la responsabilité du fait, et étant parvenue à prouver que son mari ignorait la présence du curé de Saint-Baudier dans sa maison, fut seule condamnée. Elle subit, à la suite de ce jugement, une détention de quatre ans, dont elle passa une partie dans un hospice de Metz. Quant au dénonciateur, qui était un plâtrier assez en vogue, il perdit peu à peu la confiance du public, vit l'ouvrage diminuer, tomba dans la gêne, puis dans la misère, et s'étant rendu à Paris, où il erra quelque temps, mourut fou à Bicêtre.

Cette fois la situation de M. Nicolas était plus grave : il avait déjà subi deux condamnations; il avait en dernier lieu rompu son ban ; enfin on le surprenait pour la troisième fois en violation flagrante des lois établies. Ce n'était donc pas seulement un *prêtre réfractaire*, comme on disait alors, c'était un récidiviste opiniâtre, un homme qui paraissait décidé à ne reconnaître ni aucune loi, ni aucune autorité.

Aussi eut-il à subir, comme il nous l'apprend lui-même, quatre interrogatoires successifs: l'un à l'hôtel-de-ville; un autre le même jour chez le juge de paix de la section; un troisième par devant un directeur du jury; et le quatrième au département. Mais tout cet appareil et cette espèce de luxe de la justice des hommes était peu fait pour le troubler. Ses amis dans sa prison le trouvaient calme, paisible, attendant la volonté de Dieu. Comme dans ses détentions précédentes, il employait son temps à composer des cantiques et à correspondre avec ses fidèles paroissiens, dont le souvenir et l'affection le suivaient partout.

Il paraît même qu'il put quelquefois y dire la messe, comme il le faisait à la Conciergerie, et que quelques personnes du dehors obtinrent d'y assister. L'une de celles qui eurent ce bonheur raconte qu'un jour, le 3 août, fête de l'Invention du corps de saint Etienne, étant assise avec deux autres personnes sur un banc de pierre scellé au mur dans la chambre où le vénérable prêtre offrait le saint sacrifice, elle fut frappée de l'air de son visage lorsqu'il se retourna, un livre à la main, pour adresser aux assistants quelques paroles sur la fête du jour. Comme préambule à cette courte instruction, il commença à lire l'épître qui rappelle le martyre de saint Etienne. Mais arrivé à ce passage où le saint diacre, pendant qu'on le lapide, s'écrie : « *Je vois les cieux ouverts* » les yeux de M. Nicolas se dirigèrent vers le ciel, et son visage rayonna d'une expression toute divine. Le livre même lui tomba des mains, et telle fut l'émotion des témoins de cette scène qu'ils crurent sentir leur banc de pierre chanceler.

Ainsi c'était toujours la pensée du martyre qui préoccupait M. Nicolas. Quelque indigne qu'il se crût d'une pareille grâce, il ne laissait pas de la souhaiter, et peut-être de la demander. Mais à l'approche de ce grand sacrifice, il devait se livrer dans son âme, entre la nature et la grâce, de rudes combats. A distance la mort est belle quelquefois, de près elle perd son prestige et reprend toute son horreur. La correspondance de ce saint prêtre, où nous puiserons largement, va nous le montrer en proie à cette lutte redoutable. Il est bon qu'on sache qu'avant de vaincre la mort, les grandes âmes dont nous admirons l'héroïsme en ont préalablement ressenti le frisson et les angoisses. Nous sommes trop portés à croire qu'aidés du puissant secours de Dieu, ces hommes et ces femmes que l'Église offre à nos hommages sur les autels, mouraient presque sans souffrir, et s'élançaient de la terre au ciel dans une sorte d'extase qui les rendait insensibles aux étreintes de la douleur. Les confidences de M. Nicolas, dans leur humble simplicité, nous désabuseront, et nous apprendront de quel prix on paie les palmes glorieuses mais sanglantes du martyre.

La première lettre qu'il paraisse avoir écrite à cette époque, est adressée à *son cher Etienne* et à sa sœur : « On m'apprend, leur dit-il, que vous êtes inconsolables de mon accident. Cela prouve combien vous m'aimez, ou plutôt combien vous aimez Dieu, car je pense que vous ne m'aimez qu'en Dieu. *Celui qui vous hait me hait*, dit Jésus-Christ, *celui qui vous méprise me méprise.* Il disait aussi à Saul persécuteur : *Saul, Saul, pourquoi me persécutes-tu?* C'est qu'on persécute Jésus-Christ quand on persécute ses membres mystiques. L'Église est son corps mystique, puisqu'il est devenu avec elle une même chair, comme un époux avec son épouse. Les premiers fidèles n'étaient qu'un cœur et qu'une âme, et ils avaient tout en commun : ils se réjouissaient ensemble et ils s'affligeaient ensemble, comme font les membres d'un même corps vivant, qui sentent les biens et les maux les uns des autres. Je bénis Dieu de ce qu'il reste encore en ces derniers temps quelques vestiges de cette charité primitive qui était les prémices de celle que le Saint-Esprit avait répandue dans les cœurs. Notre Sauveur semble douter s'il y aura encore de la foi sur la terre, quand il viendra à la fin du monde. La foi est déjà éteinte dans plusieurs ; mais Dieu a permis mon accident pour faire voir publiquement combien il y en a encore, et combien il lui reste de fidèles serviteurs et servantes. Les pensées du cœur de plusieurs ont été découvertes à cette occasion, et la foi se fortifie; car l'Église est née et a pris son accroissement et sa splendeur dans les persécutions, et

Dieu tirera sa plus grande gloire de ce qui vient de m'arriver.

« Je l'ai chanté bien des fois avec vous: *Je ne crains rien, Jésus est avec moi*... Aujourd'hui il ne s'agit plus de chanter, ni de pleurer, ni même de prier; il faut agir et souffrir, il faut accomplir la volonté de Dieu. Il nous éprouve, il nous châtie; et il châtie ceux qu'il aime, parce qu'il les rend semblables à son Fils et les prédestine avec lui. — Il paraît que Dieu ne me destine pas encore au martyre, je n'en suis pas digne, en suis-je seulement capable? Je fais bien l'office des martyrs, je les loue; mais le difficile c'est de pouvoir les imiter. Et quand on se voit aux portes de la mort et en quelque sorte à l'agonie, comme je m'y suis vu bien des jours, la mort fait peur. — Jésus-Christ nous dit: *Celui qui croit en moi vivra, quoiqu'il soit mort*. Je crois fermement cette vérité, elle me soutient et me soutiendra toujours; mais la nature me livre des combats dont notre Sauveur n'a pas voulu être exempt, pour porter sur lui nos infirmités et nous servir d'exemple. — Les circonstances où je me suis trouvé, ont été de nature à me faire penser mûrement; j'ai eu l'occasion de faire bien des réflexions. Je ne croyais pas vivre si longtemps, et je faisais d'avance, de bouche et de cœur, le sacrifice volontaire de ma vie. Dieu se contentera peut-être de ma bonne volonté, comme il s'est contenté de celle d'Isaac et d'Abraham, et je ne perds pas l'espoir de vous revoir. Mon sort est entre les mains de Dieu; il ne m'a peut-être laissé prendre que pour m'éprouver, et pour faire faire de bonnes œuvres à ceux qui ont pitié de moi, en montrant ce qu'ils pensent. Il peut me tirer de la mort et de la captivité; il paraît même avoir déjà commencé. Il a égard à vos larmes et à vos prières; il pourra achever son ouvrage, s'il veut encore de moi. Je pourrai devenir un peu plus mûr pour le ciel; car je sens bien que j'ai encore du chemin à faire avant d'être arrivé à la charité parfaite.

» Je vous remercie de tant de peines

que vous vous êtes données pour moi, et j'en suis bien reconnaissant : Dieu vous en tiendra compte. Ne vous étonnez pas s'il vous donne quelques parcelles de sa croix, comme à moi. Je vous prie d'unir vos prières aux miennes pour le remercier de celles qu'il m'a données. Je vous salue, et toute votre famille, et vos voisins, et ceux de Buis. Consolez le pauvre Bauthion, si vous le voyez. »

Dans une autre lettre à une personne qui n'est pas nommée : « Je suis, dit-il, depuis quatre jours dans une suite d'alternatives peu agréables pour la nature; elle me livre des combats continuels, et j'ai grand besoin de force et de patience. Deux ou trois fois le matin, et après midi vers les quatre heures, si j'entends la clochette à la porte, si j'entends le portier avec ses clés, si j'entends passer quelqu'un qui marche un peu plus fort, mon cœur palpite : c'est la nature. — Quant à la partie supérieure et surnaturelle, ma conscience et mon cœur me disent, et disent à Dieu, que je désire être délivré des liens du corps et être avec Jésus-Christ. Cela, je le sens, m'est beaucoup plus avantageux, et la circonstance est tout à fait propice. Si l'occasion était passée, je la regretterais sûrement; et quoique la nature dise : *éloignez de moi ce calice,* ma foi dit, ce me semble, encore plus volontiers : *que votre volonté s'accomplisse.* Si je suis encore capable de quelque chose au monde, je ne refuse pas le travail. — Priez pour moi. »

Dans une autre à sœur Marthe, la sœur institutrice de Saint-Baudier : « Ma chère sœur en Jésus-Christ, lui dit-il, quel bonheur voici pour moi ! Ne vous affligez pas tant, vous montreriez de la faiblesse dans la foi. Réjouissons-nous plutôt de souffrir, de mourir, de donner notre vie pour celui qui a donné sa vie et son sang pour nous, et qui ne nous a donné cette vie que pour sa gloire. J'ai fait un petit écrit pour mes paroissiens et mes pénitents; je pense que vous le leur avez communiqué Priez tous pour moi, afin que je demeure jusqu'à la fin persévérant dans la résignation à la volonté de Dieu. Je ne laisse pas d'aimer la vie; cela est naturel, et je ne dois la perdre que quand Dieu me l'ôtera. Je souffre des combats de la nature contre la grâce. La nature veut la vie, et l'esprit de la grâce me dit avec saint Paul que je désire être délivré des liens du corps; mais je ne voudrais pas être dépouillé de cette chair, je voudrais être revêtu par dessus de l'immortalité. — Salut à tous mes paroissiens. »

Nous nous sommes laissé aller au charme que nous éprouvions à transcrire ces lettres, et nous n'avons pas pris garde que ce charme ne serait peut-être pas partagé par tous nos lecteurs. Nous prions qu'on nous pardonne si nous avons été indiscret. Mais c'est un si beau spectacle que celui d'une âme saine et ferme s'apprêtant, sans ostentation et sans timidité, à livrer le dernier combat, le grand combat du Seigneur! C'est une bonne fortune si précieuse et si rare, que ces épanchements pleins de simplicité d'un chrétien, d'un prêtre de Jésus-Christ, qui toute sa vie a soupiré après le martyre, et à qui maintenant *la mort fait peur!* C'est une leçon si instructive pour nous que ces alternatives, naturelles et vraies, d'espérance de vivre et de crainte de ne pas mourir; d'ardeur empressée pour la consommation du sacrifice, et de résignation facile à continuer l'œuvre de Dieu sur la terre, s'il le trouve bon! Nous espérons que quelques-uns nous sauront gré de les avoir initiés à cette ingénue révélation des richesses et des pauvretés du cœur humain, de la faiblesse de l'homme et de la puissance de Dieu. Qui peut être assuré de n'avoir pas un jour besoin de s'en souvenir?

Hélas! si détaché qu'on se croie, on se reprend vite à l'existence; le lien mystérieux qui nous attache à la vie se renoue et se resserre promptement. Chrétiens, à l'école d'un martyr, apprenons à nous défier de notre présomptueuse confiance, et à ne compter que sur la grâce. M. Nicolas nous donne ici une grande leçon d'humilité; écoutons-le.

CHAPITRE X.

On dit à M. Nicolas qu'il ne sera pas condamné à mort. — Lettre *aux catholiques*. — L'illusion se dissipe, mais la grâce triomphe. — Dernier interrogatoire. — Jugement. — M. Nicolas est condamné à passer par les armes. — Sa joie en apprenant cette nouvelle. — Sa sérénité pendant le reste du jour.

« Je ne mourrai pas, s'écrie avec une sorte de transport M. Nicolas, dans un moment où l'on venait de lui apprendre qu'il ne serait pas condamné à mort, je ne mourrai pas, mais je vivrai et je raconterai les œuvres du Seigneur. C'est le Seigneur qui a fait cela. Célébrez ses louanges! (Ps. 117.) *Confitemini Domino quoniam bonus: non moriar, sed vivam, et narrabo opera Domini. A Domino factum est istud* (Dim. à Prime).

» Comme l'apôtre saint Paul nous dit de nous réjouir en tout temps, et que David nous donne l'exemple de bénir le Seigneur en tout temps aussi et de tout événement, je vous engage, chers catholiques, à le remercier avec moi, à le louer magnifiquement, à exalter son saint nom d'un commun accord, de ce qu'il a accordé ma vie à vos prières. J'ai appris que, comme autrefois l'Eglise faisait pour saint Pierre, vous avez prié instamment et sans relâche pour ma délivrance; le cri de votre oraison a pénétré les nues, et Dieu m'a tiré des portes de la mort. Il me rendra même la liberté, si vous la lui demandez avec autant d'ardeur, car *Celui qui a commencé cette bonne œuvre l'achèvera.*

» Je regarderais comme une chose indigne de moi et de Dieu, de me réjouir plus de n'être pas mort pour sa gloire, que de continuer à vivre; car il me semble que ce serait lui dire que j'aime mieux la vie que la vue de sa présence, et contredire les paroles que je proférais dans mes moments de crise: *Mon cœur vous dit que mon visage vous cherche; je chercherai, Seigneur, votre visage... Quand viendrai-je et quand paraîtrai-je devant la face de Dieu? Comme le cerf altéré court après la source des eaux, de même mon âme désire aller à vous, ô Dieu!*

» Voilà ce que j'ai dit dans un temps où je me croyais condamné à mourir, et quand, pendant trois ou quatre jours, j'étais comme à l'agonie entre la vie et la mort. Je serais bien fâché maintenant de contredire de si beaux sentiments, et de me réjouir par préférence de demeurer dans mon exil après avoir dit: *Hélas! malheureux que je suis, que mon exil est long!...*

» . . . . Non, il ne faut pas tant nous réjouir de la santé du corps ou de la victoire remportée sur les *ennemis visibles*. Ézéchiel nous dit que son amertume la plus amère lui est arrivée dans le temps qu'il était dans la paix; et nous, dans un sens spirituel, nous pouvons dire, avec saint Bernard, que nous avons plus à craindre de la part du monde dans le temps de la paix que dans le temps de la persécution. L'esprit du monde est entièrement opposé à celui de Jésus-Christ, et il nous attire mieux par ses douceurs dans le temps de la paix, qu'il ne nous surmonte par ses terreurs dans le temps de la persécution. Opérons donc *notre salut avec crainte et tremblement*, *quoiqu'en nous réjouissant toujours*, *mais dans le Seigneur*. J'ai dit avec Ézéchias : *Seigneur, sauvez-moi, et nous chanterons nos psaumes et nos cantiques tous les jours de notre vie dans la maison du Seigneur*. C'est ainsi que je veux me réjouir, et que je vous demande de vous réjouir avec moi, faisant ainsi l'apprentissage de ce que nous devons faire éternellement dans la maison du Seigneur, qui est le ciel, et dont l'église n'est ici que la figure.

» Ainsi, comme la volonté de Dieu est que nous nous sanctifiions de plus en plus pour nous rendre dignes de le voir, et qu'il ne m'a pas encore trouvé assez mûr ni assez éprouvé, je reviens au combat. Je lui disais ces jours derniers avec saint Martin : *Seigneur, je ne refuse pas le travail;* si je puis encore servir à quelque chose, et si vous daignez vous servir de moi, je suis prêt. Je désire être délivré des liens de mon corps, et être avec Jésus-Christ, ce qui est bien préférable; mais s'il est nécessaire que je demeure encore pour vous dans cette maison de chair, que votre volonté soit faite. La béatitude est retardée, mais elle ne sera pas perdue. Il est vrai qu'elle sera exposée; mais ce sera pour obéir à Dieu, qui ne m'aurait pas accordé une grâce si fatale que de me donner la vie pour me donner la mort. »

Comme on le voit par cette lettre, M. Nicolas voulait *se réjouir en tout temps* et quoi qu'il arrivât, mais *dans le Seigneur*, à la volonté de qui son âme était soumise, soit pour vivre, soit pour mourir. Mais peut-être, en ce moment, son regret de voir s'éloigner l'heure du sacrifice était-il moins vif que sa joie de rentrer dans la lutte et de renouveler le combat. L'instinct de la conservation, l'amour de la vie l'emportait secrètement sur les fortes inspirations de la grâce. En tout cas, cet imperceptible triomphe de la nature fut de courte durée ; l'illusion se dissipa bientôt, toute espérance d'être rendu à la vie et à la liberté s'évanouit, et la mort avec son lugubre cortége resta enfin comme l'unique dénouement possible à cette lente et douloureuse immolation.

« Mes chers frères, dit le saint prêtre, je me recommande à vos prières dans l'état où je suis. Sur toutes les lettres qu'on m'écrit, on me parle de ma mort et du lieu de ma sépulture. Vous voyez que je n'ai pas lieu de croire que j'échapperai. Eh bien! Dieu soit béni! Je vous prie de m'aider à le bénir et à le remercier de la préférence qu'il me donne sur tant d'autres.»

Et un peu après il s'écrie: « Que je suis heureux, et que je bénis mille fois le Seigneur de ce qu'il me traite en ami comme il fait ! Il me fait l'honneur, à ce qu'il paraît, de me présenter à boire dans son calice ! O beau calice! Oh ! que ce calice est délicieux ! Que je désire le boire et consommer avec lui mon sacrifice ! Il ne fait pas la même grâce à chacun ; *non fecit taliter omni nationi.* Que les choses aillent comme il plaira à Dieu, il est toujours vrai que je suis heureux. Oui, je suis heureux si j'ai l'honneur de donner ma vie pour la foi ; pour la foi, pour la religion, puisque c'est par un motif de religion que j'agis, puisque c'est la charité et mon devoir qui m'ont engagé à m'exposer au danger ! A la vérité, j'ai de l'inclination pour ma patrie, et cela est naturel ; mais c'est principalement l'esprit de Jésus-Christ qui m'a porté à craindre Dieu, à ne pas tant craindre les hommes, et à risquer ma vie pour le salut de mes paroissiens et de plusieurs autres. — Je reconnais que tous n'avaient pas besoin de moi ; cependant il y en a plusieurs qui auraient pu quitter la voie droite, d'autres qui n'y seraient pas rentrés comme ils y sont rentrés ; et au moins je fais ce que j'ai enseigné, et ce que j'ai appris dans l'Evangile, *qu'il ne faut pas craindre ceux qui tuent le corps, mais qu'il faut craindre celui qui peut envoyer le corps et l'âme dans l'enfer. Je vous le dis en vérité, craignez celui-là,* dit Jésus-Christ. Je souhaite que cette vérité soit fortement gravée et demeure à toujours dans l'esprit de mes paroissiens et de mes pénitents, ainsi que dans le cœur de tous les hommes. »

La grâce l'emportait donc enfin, sa victoire était décisive, et elle devait régner sans partage dans le cœur de M. Nicolas jusqu'à l'entière consommation de son sacrifice. Ce fut dans ces admirables sentiments qu'il vit approcher la fin de son procès. On en trouve des traces dans les réponses pleines à la fois de prudence et de simplicité qu'il fit à ses juges.

Traduit pour la seconde fois devant une commission militaire, il eut à subir un nouvel et dernier interrogatoire, dont une partie est venue jusqu'à nous.

Interrogé sur ses nom, prénoms, lieu de naissance et de résidence :

— Je me nomme, répondit-il, Antoine Nicolas, curé de Saint-Baudier. Je suis né à Vatimont, canton de Herny, département de la Moselle. Depuis la révolution, je n'ai pas eu d'autre résidence que l'asile que les honnêtes gens voulaient bien me donner.

D. Y en a-t-il beaucoup qui vous ont reçu?

R. Il y en a quantité.

D. Pourriez-vous nommer ces honnêtes gens qui vous ont donné asile ?

R. Oui ; mais la Constitution me permet de ne pas le faire, et les commandements de Dieu me le défendent : Ne fais pas à autrui ce que tu ne voudrais pas qui te fût fait. Or, ce principe est applicable ici.

D. Aviez-vous connaissance de la loi du 19 fructidor an V, qui condamne à la peine de mort les prêtres déportés, s'il leur arrive de rentrer en France?

R. J'en avais connaissance, puisque j'en étais porteur, et que j'avais déjà été jugé en vertu de cette loi.

D. Et aviez-vous connaissance de votre inscription sur la liste des émigrés ?

R. J'en avais également connaissance, à ce point que j'avais obtenu d'en être rayé provisoirement.

D. Sur quelle loi vous fondiez-vous donc pour oser rentrer en France ?

R. Il y a des lois divines, des lois naturelles et des lois humaines. La loi divine m'oblige, comme pasteur, à paître mon troupeau. La loi naturelle me fait chercher du pain là où je sais en trouver ; or, vous m'avez déporté dans un pays où je n'en trouvais point, où même on ne voulait pas me recevoir ; ainsi rien de si naturel que de rentrer dans mon pays, où il y en a. La loi humaine me faisait espérer que les Français ne seraient pas assez barbares pour punir un homme qui n'a jamais eu d'autre intention que de faire le bien.

Que pouvait-on opposer à tant de candeur et de bon sens ? A une autre époque, la justice eût été dans l'embarras. Mais il y a des causes où l'on a d'autant plus tort qu'on a plus raison : l'écrasante argumentation du pauvre agneau de la fable ne l'a pas sauvé.

Le président passa à un autre ordre de questions.

D. Par quelle porte êtes-vous rentré ?

R. J'ai passé le bac à Chambière, et je suis rentré par la porte de Thionville, avec une hotte et une veste brune.

D. Résidiez-vous continuellement dans la ville ?

R. J'allais tantôt à la campagne pour sauver les âmes, tantôt à la ville, quand on me requérait.

D. Sous quel habit êtes-vous entré chez le citoyen dans la maison duquel vous avez été pris ?

R. En veste et en bonnet blanc.

D. Qui vous avait apporté votre capote?

R. C'est bien assez que le fardeau pèse sur moi, sans que je compromette encore d'autres personnes.

D. Avez-vous baptisé, marié, enterré, dit la messe ?

R. J'ai fait tout cela, sinon que je n'ai pas enterré.

D. Combien de fois ?

R. Toutes les fois que j'ai pu.

D. Le citoyen chez qui vous avez été arrêté, en avait-il connaissance ?

R. Je ne dis ni oui, ni non.

— Mais, observa l'un des juges, cela veut presque dire *oui*.

— Ce ne serait pas raisonner juste, reprit M. Nicolas, que de conclure ainsi. Ce que j'en fais a uniquement pour but de mettre un terme à des questions auxquelles je ne puis répondre, et d'empêcher qu'on ne prenne mon silence pour une affirmation.

Vainement, au reste, le saint prêtre avait pour lui l'équité et la raison, et même, à ce qu'on prétend, certaines dispositions à l'indulgence dans le cœur de ses juges ; l'inflexible texte des lois sanguinaires de l'époque était là, et il n'y avait à attendre d'eux ni grâce ni sursis. Dès que les débats eurent été fermés, après l'audition des témoins et la défense de l'accusé, celui-ci ayant été reconduit en prison et l'assistance congédiée, la commission, délibérant à huis clos, condamna à l'unanimité le nommé Antoine Nicolas, ex-curé de Saint-Baudier, à la peine de mort.

Il était trois heures après midi, c'était le 12 août 1798. Le jugement était sans appel, et devait être exécuté dans les vingt-quatre heures, après avoir été lu au condamné en présence de la garde assemblée sous les armes.

Lorsque la nouvelle de sa condamnation fut portée à M. Nicolas, il ne put contenir les transports de sa joie :

« Je me suis réjoui, s'écria-t-il avec le prophète, à cause de ce qui m'a été dit : nous irons dans la maison du Seigneur. *Lætatus sum in his quæ dicta sunt mihi*, *in domum Domini ibimus*. Je t'ai parlé de paix, continue-t-il, et je te l'ai souhaitée, par l'exercice de mon ministère, ô ma chère patrie ! O vous, mes proches et mes concitoyens ! *Propter fratres meos et proximos meos loquebar pacem de te.* Et si mon ministère pouvait encore leur être utile, je ne refuse pas le travail, vous le savez, Seigneur ; *non recuso laborem.* Mais aussi, puisque ce calice ne peut passer sans que je le boive, que votre volonté soit faite.

» Cependant, Seigneur, puisque dans ce jour heureux pour moi, en couronnant mes faibles mérites, vous couronnez aussi vos dons, souffrez qu'à l'exemple de votre divin Fils, et à l'exemple de saint Etienne, premier martyr et patron de ce diocèse, je vous demande grâce et miséricorde pour mes juges, pour les exécuteurs de leur sentence, et pour tous les Français coupables. Pardonnez-leur, Seigneur, car ils ne savent ce qu'ils font. Dessillez enfin leurs yeux, en les faisant rentrer, par votre grâce, dans la religion qu'ils ont si indignement abandonnée. Vous êtes, il est vrai, Seigneur, le Dieu des vengeances, mais vous êtes aussi le Dieu des miséricordes. Faites qu'ils se convertissent, et qu'ils vivent, afin qu'ayant reconnu leur erreur, ils en fassent une sincère pénitence, et qu'ils vous en bénissent pendant toute l'éternité. »

Le reste du jour, M. Nicolas se montra plus gai, plus joyeux que de coutume. Ses deux sœurs, accompagnées d'une de ses pénitentes, étant venues le voir dans la soirée :

— Eh bien, mesdames, leur dit-il, serez-vous demain de ma promenade ?

Il voulait parler du trajet qu'il aurait à faire de la maison d'arrêt au lieu de l'exécution.

— Ah ! mon père, répondit sa pénitente en sanglotant, je n'en suis pas digne !

Pendant qu'il prenait son repas, il les entretenait avec bonté et plaisantait doucement :

— Je bois peu de vin, dit-il, à mon ordinaire ; mais à cause de la belle journée de demain, je boirai un coup de plus.

Ce fut avec cette sérénité, avec ce

paisible contentement de cœur que M. Nicolas passa les dernières heures qu'il devait passer sur la terre. Il nous reste à dire comment sa sainte vie fut enfin couronnée par une digne et sainte mort.

CHAPITRE XI.

Dernière nuit de M. Nicolas. — Il reçoit les Sacrements. — Émotion produite à Metz et à Saint-Baudier par la nouvelle de sa condamnation. – L'heure de l'exécution est devancée. — Lecture de la sentence. — M. Nicolas est conduit au lieu du supplice. — Ses dernières paroles. — Exécution. — Sépulture.

A l'exemple des anciens martyrs, M. Nicolas passa la nuit en prières. Dès la veille il avait eu le bonheur de recevoir le sacrement de Pénitence. M. l'abbé Dudot, décédé vicaire général du diocèse, et alors son compagnon de captivité, ayant appris que le vénérable prêtre venait d'être condamné à mort, ne s'était plus occupé que des moyens de lui procurer les secours de la religion. Le geôlier fut gagné ; nous nous rappelons que ce n'était pas chose difficile, hors le cas d'évasion, pour lequel on était inflexible : quelques bouteilles de vin procurées par un ami de M. Dudot, levèrent tous les scrupules. M. Dudot avait donné pour prétexte qu'il avait une vieille querelle à vider avec M. Nicolas, qui était un original, mais un ancien ami avec lequel il voulait se réconcilier avant qu'on le fît mourir. La fable acceptée, l'entrevue eut lieu dans une chambre à l'entresol, voisine de la cellule de M. Nicolas; et là se joua à haute voix une comédie mêlée de paroles vives, de gros mots, d'injures même, comme de deux hommes fort animés l'un contre l'autre, dans les intervalles de laquelle M. Dudot entendit la confession de M. Nicolas, et convint avec lui d'un nouveau stratagème au moyen duquel il pût lui faire parvenir dès le grand matin la sainte communion. De bonne heure, en effet, M. Dudot, ayant pu dire la messe, avait fait remettre dans une boîte la sainte hostie à M. Nicolas par l'entremise de la servante du geôlier.

— C'était donc une personne de grande confiance que cette fille? s'écria tout inquiète Mme de Méjanès, devant qui M. Dudot racontait cette particularité.

— Certainement, répondit M. Dudot, *c'était une voleuse.*

Que de choses ne justifie pas la nécessité ! Et qu'il fallut souvent, dans ces temps malheureux, abandonner aux soins de la Providence les intérêts les plus chers et les plus sacrés ! Quoiqu'il en soit, grâce à cette invention hardie du zèle et de l'amitié, M. Nicolas avait pu se communier lui-même, et recevoir ainsi le pain des forts à l'heure où la force lui devenait si nécessaire.

Cependant le bruit de sa condamnation s'était promptement répandu dans la ville, dans les campagnes, et particulièrement à Saint-Baudier, et avait produit partout la plus vive émotion. A Saint-Baudier il fut convenu, conformément aux vœux de tous les habitants, que l'un d'eux, oncle de M. Duval, se rendrait le lendemain matin à Metz avec une voiture, et réclamerait, après l'exécution, le corps du saint prêtre pour le rapporter dans sa paroisse, où il reposerait parmi ses amis et ses enfants ; mais comme l'heure de l'exécution fut avancée, et que tout était fini quand le malheureux voiturier arriva, il n'eut, dans sa douleur, ni la force ni la hardiesse de réclamer ces restes vénérables, et l'espérance des pauvres gens de Saint-Baudier fut trompée.

L'agitation, en effet, avait été extrême dans la ville ; de toutes parts il s'était formé des groupes où l'on parlait et gesticulait avec violence, et l'autorité, inquiète, avait jugé à propos d'avancer l'heure primitivement fixée pour l'exécution.

— Les lâches ! disait le lendemain un homme honorable de la cité, ils ont devancé l'heure de sa mort parce qu'ils nous craignaiont !

— Nous aurions pris nos couperets, disait un boucher de la rue des Allemands en parlant de lui et de ses confrères, nous aurions pris nos couperets, et nous aurions vu!

Dès quatre heures du matin, un piquet de cavalerie et quatre-vingts hommes d'infanterie occupaient les abords de la prison. Marguerite Mussot, une des sœurs, comme on sait, de M. Nicolas, et alors religieuse de l'ordre de saint Vincent de Paul, attendait avec une de ses amies, Mlle Calmus, à la grille par laquelle la prison s'ouvrait sur la rue, que le saint homme parût. L'officier qui commandait la cavalerie vint avec son sabre leur intimer l'ordre de se retirer :

— Mais, Monsieur, dit Mlle Calmus, celui qu'on va fusiller c'est *notre* frère.

Sur ce mot, dont le touchant double sens ne pouvait être compris, l'officier les laissa toutes deux à la place qu'elles occupaient, d'où elles purent être des premières à voir paraître le généreux confesseur, et de là le suivre d'assez près jusqu'au lieu du supplice.

Il était six heures lorsque le condamné

fut amené à la grille. Environné des chefs militaires qui avaient été préposés à l'exécution du jugement, la tête découverte, il s'inclina profondément et salua à trois reprises. L'un d'eux lui lut sa sentence de mort, qu'il écouta sans laisser paraître la moindre émotion. Cette lecture terminée, il salua de nouveau trois fois, puis la grille s'ouvrit et le cortége se mit en marche.

L'infanterie précédait et environnait le saint prêtre ; sa sœur Marguerite et Mlle Calmus suivaient à quelques pas, et disaient avec lui les prières des agonisants, qu'il récitait sur le ton de la psalmodie. La cavalerie fermait la marche.

Jugé par une commission militaire, M. Nicolas devait être fusillé. On avait choisi pour l'exécution du jugement l'espace qui s'étendait entre un des anciens fossés de la citadelle et le rempart Serpenoise, précisément à l'angle du jardin actuel de l'Évêché. Arrivé là, le patient remit son chapeau à un jeune fils de son ami, M. Poinsignon, qui, depuis, le donna à Mme de Méjanès comme une sainte relique.

M. Nicolas était d'une taille un peu au-dessus de la moyenne ; il avait le front haut et découvert, le visage long et maigre, les cheveux et les sourcils grisonnants. L'aspect de toute sa personne était digne et vénérable. Pendant que la troupe se rangeait, sa sœur Marianne, étant sortie de la foule, vint se mettre à genoux devant lui, et le pria de lui pardonner toutes les peines qu'elle lui avait causées pendant qu'ils vivaient ensemble.

— Je ne me rappelle pas que vous m'en ayez jamais causé, lui dit-il ; mais puisque vous le voulez, je vous pardonne. Faites de même à mon égard.

Cherchant alors des yeux s'il y avait parmi les assistants quelqu'un de ses paroissiens :

— Je veux, ajouta-t-il, demander pardon, tant à ceux qui sont présents qu'aux absents, des scandales que j'ai pu donner pendant mon administration.

Il y en avait un en effet, un seul peut-être, en raison de l'heure peu avancée du jour ; mais, retenu par l'émotion, le trouble, il n'osa pas se montrer, et se reprocha toute sa vie amèrement son manque de courage, qu'il ne rappelait jamais sans avoir les larmes aux yeux.

Cependant l'enceinte était formée, la foule s'était entassée derrière les soldats, le dernier moment était venu. Ici, entre plusieurs versions qui nous ont été communiquées, nous en suivrons une principalement, qui nous semble porter un cachet particulier de vérité et d'observation. Elle est d'une sœur de ce jeune Poinsignon dont nous venons de parler, qui fut depuis religieuse sous le nom de sœur Saint-Louis dans la congrégation de Sainte-Chrétienne, et qui alors, malgré sa grande jeunesse, portait au bon curé de Saint-Baudier, comme toute sa famille, la plus tendre affection. Pendant les débats du procès, cette jeune fille, âgée d'environ quatorze ans, s'étant trouvée tout près de lui sur son passage, lui dit en le tirant par sa soutane :

— Monsieur le curé, pensez à moi !

— J'y penserai, mon enfant, lui répondit-il.

Et elle attribuait aux prières du saint martyr l'attrait qu'elle éprouva dans la suite pour la vie religieuse, malgré les répugnances qu'elle avait longtemps ressenties pour ce saint état. Aussi chaque année communiait-elle fidèlement à l'anniversaire de sa mort.

C'était donc un enfant à l'époque dont il s'agit, et si nous nous arrêtons de préférence à son témoignage, c'est qu'à cet âge rien n'échappe, et que les impressions sont vives et durables. Vu l'agitation qui régnait dans la ville, M. Poinsignon avait recommandé à ses enfants de ne pas sortir de la maison sans nécessité. Mais la tentation était bien forte. Nous savons déjà comment son fils lui avait obéi. La jeune fille s'était rendue chez sa maîtresse de couture, Mlle du Parte; mais ayant été envoyée en commission, et ayant rencontré la sœur du curé de Saint-Baudier, qui se rendait en hâte sur le lieu de l'exécution, elle y courut avec elle et se faufila parmi les soldats, de telle sorte qu'elle était tout en face du condamné. Peu de récits peuvent inspirer, sous certains rapports, plus de confiance que le sien.

M. l'abbé Nicolas avait d'abord refusé qu'on lui bandât les yeux ; cependant, sur les instances qui lui furent faites, il se rendit, et après avoir béni de la main à trois reprises tous les assistants en disant : « *Pardonnez-moi, Seigneur, mes nombreux péchés, et n'imputez pas ma mort à mes persécuteurs,* » il plaça lui-même le bandeau sur ses yeux. C'était, dit la sœur Saint-Louis, un mouchoir avec des fleurs rouges, ressemblant à ce qu'on appelle de nos jours un foulard. La sœur Marthe l'aidait ; mais comme le mouchoir était trop court pour revenir se nouer par-devant, et que la pauvre sœur, les yeux noyés de larmes, ne pouvait trouver sur elle une épingle pour l'attacher..

— Attendez, lui dit froidement M. Nicolas, j'en ai une sur ma manche.

Et la prenant, il la fixa lui-même sur le mouchoir; après quoi il se mit à genoux.

Un peloton de soldats, continue la jeune fille, se mit alors en demi-cercle autour de lui, les uns debout par derrière, un autre rang par devant à genoux. M. Nicolas se tenait au milieu les mains jointes. « Je suis prêt, » dit-il d'une voix forte. Et il se mit à réciter la prière *In manus tuas*, *Domine*, *commendo*... Il n'avait pas fini qu'au roulement du tambour tous les fusils partirent à la fois. Le corps demeura quelque temps encore à genoux, puis il s'affaissa doucement vers la gauche, toucha la terre, et resta sans mouvement... Tout était consommé!

Aussitôt qu'il fut tombé, des gens vinrent l'emporter; puis, avec des truelles, ils enlevèrent le sang et les morceaux épars, afin qu'il ne restât rien de la victime. La jeune Poinsignon, malgré cela, s'étant mise à chercher si elle n'en trouverait aucune parcelle, fut avertie par deux petits garçons qu'il y avait quelque chose sur l'herbe du rempart à une assez grande distance. Elle y courut, et ramassa en effet un morceau de cervelle, qu'elle enveloppa dans un mouchoir de mousseline; mais ayant été aperçue par les soldats, qui se mirent à sa poursuite, elle s'enfuit précipitamment chez Mlle du Parte, où elle tomba sans connaissance. Ce morceau de cervelle fut immédiatement porté par Mlle du Parte à M. l'abbé Nilus, qui en dressa procès-verbal, et l'enferma dans une boîte.

Quant au corps lui-même, il fut mis, par ordre de l'autorité, dans un cercueil avec de la chaux, et porté sans délai au cimetière de Belle-Croix, où il fut brutalement enterré: c'était le cadavre d'un criminel.

CHAPITRE XII.

Réflexions sur la vie et sur la mort de M. Nicolas.

Ainsi se termina sur la terre la vie, si diversement appréciée par ses contemporains, d'Antoine Nicolas, curé de St-Baudier.

Traité de fou et de criminel par les uns, il était regardé par les autres comme un sage, comme un saint : tant les jugements diffèrent selon qu'on est pour ou contre Jésus-Christ! Tandis que l'opinion qui dominait alors voyait dans ce prêtre insoumis et remuant un ennemi de l'État, un fléau pour la société, et le condamnait comme tel à la prison, à l'exil, à la mort, l'opinion vaincue et opprimée qui avait rougi de son sang les échafauds et se cachait pour prier, voyait dans ce prêtre proscrit et mis hors la loi, un généreux imitateur des héros des catacombes. D'une part, on le poursuivait à outrance, on entourait ses pas de machinations et de piéges, on mettait à prix sa personne; de l'autre, on le protégeait, on le cachait, on s'exposait à la détention ou au supplice pour le dérober aux recherches de ses ennemis. De quel côté était l'humanité et la justice? De quel côté, l'intelligence des vrais intérêts de cette société, que les hommes du jour prétendaient servir en abolissant la religion du sacrifice et du dévouement, et en persécutant ses ministres?

Instruit par les leçons un peu coûteuses de l'expérience, notre dix-neuvième siècle, moins infatué peut-être de mauvaise philosophie et de fausse liberté, examinera et jugera.

Quant à nous, enfant soumis de l'Église, qui pensons et jugeons comme elle, et qui, conformément à ses préceptes et à son exemple, voulons rendre à César, non servilement et avec crainte, mais librement et de bon cœur, ce qui appartient à César, et à Dieu avec amour jusqu'à notre dernier soupir ce qui appartient à Dieu, nous nous réjouissons et nous rendons grâces avec elle de ce que, dans un temps où toute autorité était si follement méconnue, où toute loi, soit divine, soit humaine, était si indignement foulée aux pieds, il se soit trouvé des âmes assez grandes pour protester, au prix de leur sâng, contre les principes anarchiques qui avaient engendré ce cahos. Convaincu qu'il n'y a point d'ordre réalisable ni de société possible sans l'obéissance, mais que l'obéissance aux hommes, pour être légitime, constante et noble, suppose préalablement l'obéissance à Dieu, nous sommes heureux, en notre qualité de chrétien, qu'un ministre de notre foi ait donné un si éclatant exemple de cette soumission à la volonté divine, unique fondement solide de la soumission aux lois établies, unique source de toute soumission comme de toute autorité, unique raison de tout ordre et de toute hiérarchie dans la famille, dans l'État, dans l'Église même. Nous sommes heureux et presque fier que cet exemple, quoique appartenant à l'Église universelle et la glorifiant tout entière, ait été offert à nos pères, dans l'antique héritage de saint Clément, par un des membres de ce clergé modeste, instruit, vertueux, qui, après avoir donné, au temps des persécutions, des confesseurs à la foi, donne au diocèse en des jours moins troublés des pasteurs selon le cœur de Dieu.

Comme il appartenait au pays par son père et sa mère, qui lui avaient transmis leur vieux sang lorrain, M. Nicolas, par le sang spirituel qui coulait dans ses veines sacerdotales, appartenait au diocèse de Metz, qui, au jugement même de nos saints évêques, s'honorera désormais de l'avoir compté dans ses rangs. Il était doublement à nous, et comme enfant de notre mère commune la sainte Église catholique, et comme enfant de notre bon et cher pays messin, qu'il a si laborieusement évangélisé. Ne laissons donc pas périr une mémoire qui doit nous être aussi chère qu'elle nous est glorieuse, et méditons-la souvent pour y apprendre comment nous pouvons, un jour aussi peut-être, servir à la fois la patrie et la religion.

Ne nous abusons pas, l'acharnement même avec lequel les faux patriotes et les faux philosophes poursuivaient M. Nicolas, prouve l'importance des services qu'il rendait à la cause sacrée de la France et du christianisme : les passions haineuses ont un instinct qui ne les trompe pas.

Ne nous laissons pas séduire non plus par l'apparence de raison avec laquelle certaines gens, sans être précisément hostiles ni à M. Nicolas ni à la religion, blâmaient cependant ce qu'ils appelaient les excès et les témérités de son zèle, et lui opposaient comme beaucoup plus conforme aux règles de la prudence et aux intérêts bien entendus de la foi, l'exemple de ceux de ses confrères qui avaient émigré, ou qui se tenaient cachés dans le pays, ou même qui avaient fait leur soumission et prêté le serment. C'est ainsi, en effet, que raisonnent à toutes les époques les égoïstes et les timides, qui acceptent tout et qui voudraient, pour couvrir leur lâcheté, que les autres en fissent autant. Aux yeux de pareilles gens, qui se croient les sages par excellence, le dévouement est toujours folie, surtout le dévouement qui fait leur honte et leur condamnation ; et nul dévouement ne leur est, en secret, plus antipathique que cette sublime folie de la Croix qui a régénéré le monde, et dont ils recueillent les bienfaits sans vouloir la partager. Mais les vrais disciples de Jésus-Christ ne se laissent pas prendre à ces sophismes intéressés du *coin du feu* et du *chacun pour soi*. Aussi M. Nicolas comptait-il autant de partisans qu'il y avait alors, malgré les funestes progrès de l'incrédulité, de chrétiens fervents, d'âmes fortes et dévouées ; et, grâce à Dieu, ces belles âmes abondaient encore dans le pays. Il y en avait *quantité*, comme disait M. Nicolas à ses juges en parlant des gens de bien qui lui avaient donné asile dans la persécution.

Ces âmes vraiment chrétiennes, considérant avec douleur l'étendue des maux qui désolaient la contrée, bénissaient, au lieu de le flétrir, un zèle qui, dans ses prétendus excès, semblait à peine à la hauteur de la situation.

Que restait-il en effet dans ce vaste diocèse pour la sanctification et la consolation des fidèles? Où était l'évêque? Où étaient ses prêtres? Où étaient les congrégations et les communautés? Quelques schismatiques, le rebut du clergé, en qui personne n'avait confiance; quelques prêtres cachés, en très petit nombre, qui ne sortaient pas de leurs retraites; le reste à l'étranger. L'antique ennemi du genre humain ne rencontrait donc plus de résistance; privée de ses chefs, la sainte milice était à sa merci et de toutes parts mettait bas les armes; le paganisme revenait à grands pas; c'en était fait pour nos tristes contrées du règne bienfaisant de l'Évangile.

M. Nicolas, lui, se posa hardiment en champion de la vérité contre l'erreur, de la catholicité contre le schisme, de la liberté contre la tyrannie, de Dieu contre Satan. Il releva les courages abattus, rallia les brebis dispersées, raffermit la foi chancelante. Infatigable comme les Apôtres, et insatiable comme eux de travaux et de souffrances, il parcourait le pays dans tous les sens, se rendait à travers mille maux et mille dangers partout où on le demandait, évangélisait tour à tour les différentes paroisses du diocèse, suppléait par l'activité de sa correspondance à l'insuffisance de sa parole, et surtout enseignait, par l'austérité de sa vie et l'ardeur de sa charité, comment dans les temps difficiles on sert ses frères et son Dieu.

Était-ce donc trop pour une si grande tâche que ce zèle brûlant, qui était une folie aux yeux des uns et un crime aux yeux des autres? M. l'abbé Louyot, Mme de Méjanès, Mme Steff, le *fidèle* Collignon, le *pauvre* Bauthion, et tant d'autres ne pensaient pas ainsi. Ils admiraient tant de foi et de générosité, ils en secondaient les élans et les inspirations, ils s'en édifiaient eux-mêmes et s'efforçaient d'en approcher.

Or, nous le répétons, et nous le répétons avec un peu d'orgueil, elles étaient nombreuses dans ce pays, qui est le nôtre et qu'on accuse de froideur, les âmes d'élite que M. Nicolas ralliait à la cause de Jésus-Christ. Il y avait, sous le feu de la persécution, *quantité de gens de bien* qui ne tremblaient pas, qui recevaient le proscrit sous leur toit, qui le guidaient la nuit à travers les périls, qui le visitaient dans sa prison, qui s'y faisaient enfermer avec lui, qui l'accompagnaient sur le lieu de son supplice. Grâces soient donc rendues à Dieu, qui a suscité, dans nos jours mauvais, tant de nobles cœurs pour sauver la foi du naufrage dont elle était menacée, et pour nous transmettre avec elle les ineffables biens dont elle est la source inépuisable! Les campagnes et la ville y ont concouru à l'envi; les femmes en ont disputé la gloire aux hommes, et la leur ont quelquefois enlevée. N'avons-nous pas vu ce sexe timide, qui suivit presque seul Jésus-Christ sur le Calvaire, suivre aussi presque seul M. Nicolas jusque sous les balles meurtrières qui l'envoyèrent au ciel? Honneur donc à nos mères, à nos sœurs, qui ont donné ce courageux exemple, et à qui la plupart, après Dieu, nous devons le bonheur d'être demeurés ou d'être redevenus chrétiens! Plus fidèles et plus constantes que nous, elles secondent les efforts de l'apostolat moderne, comme elles ont participé aux sanglantes prédications de l'apostolat ancien. Puissent leurs filles ne pas dégénérer de ces mâles vertus!

La mollesse du siècle nous inquiète. Si nos pères, si nos mères ont été fermes parmi ces formidables épreuves, ce n'est pas seulement parce que leur foi était plus vive, c'est aussi parce que leurs mœurs étaient plus simples et plus austères. Le règlement de vie de M. Nicolas nous épouvante, il n'épouvantait pas les hommes de son temps.

C'était presque l'existence commune, avec la sainteté de plus. Mais que les mœurs d'aujourd'hui sont loin de ces mœurs d'autrefois!

Quelle horreur n'a-t-on pas du travail, de la gêne, des privations! A combien de besoins factices n'est-on pas assujetti! De combien de nécessités imaginaires et futiles n'est-on pas honteusement l'esclave! Encore ne parlons-nous pas ici de ceux qui trônent fastueusement dans le temple agrandi de la fortune; la vie commode n'est plus le privilége de quelques-uns, elle est devenue l'ambition et le partage de tous, de ceux même, hélas! trop souvent, chez qui devrait reluire, pour l'honneur du nom chrétien, la belle simplicité de l'Évangile. Nous considérons tous les étages de la société, toutes les classes, toutes les conditions, toutes les professions, et nous n'y voyons avec effroi que soif de jouir et crainte de souffrir. Nous n'entendons de toutes parts que plaintes et gémissements, qu'appréhensions et inquiétudes; la sensibilité est devenue telle qu'un rien la blesse et l'irrite: il semble qu'il n'y ait plus que des enfants!

O saints, où êtes-vous? Grandes âmes, qui vouliez souffrir ou mourir, et qui ne redoutiez rien plus que ces funestes jouissances, qui énervent les âmes après avoir amolli et énervé les corps, vous avons-nous perdues pour toujours? Devons-nous renoncer à voir se renouveler, en nos jours, les merveilles de force et de grandeur par lesquelles vous avez tant de fois régénéré le monde? O saints et saintes, êtes-vous donc tous au ciel? Votre liste sacrée est-elle close sans retour, et la terre ne doit-elle plus s'édifier désormais que du souvenir de vos augustes dépouillements?

S'il en est ainsi, conservons du moins dans nos cœurs ces précieux souvenirs, et méditons-les pieusement. Ayons surtout une vénération particulière pour ceux que Dieu a suscités plus près de nous, comme pour nous donner une leçon plus directe et plus frappante, un enseignement en quelque sorte familier et domestique. Edifions-nous de la simplicité biblique de M. Nicolas. Nous n'aurons pas lieu vraisemblablement d'imiter son martyre; mais tous les jours, si nous le voulons, nous aurons lieu d'imiter son détachement. Efforçons-nous donc d'en décorer notre vie, c'est le plus bel ornement que nous y puissions attacher. Et non contents d'en refléter l'éclat dans nos propres mœurs, admirons-le et louons-le partout où nous le verrons briller. Nous avons assez exalté les merveilles du luxe et de la richesse, exaltons à leur tour les richesses de la pauvreté: elle a des charmes qui nous raviraient, si nous pouvions seulement les soupçonner.

Ministres du Seigneur, aidez-nous à les découvrir dans les exemples des Saints, et enseignez-nous à les goûter. Faites-nous aimer dans la vie de M. Nicolas, qui eut l'honneur comme vous de prêcher Jésus-Christ, ce glorieux dénûment qui, en le rendant semblable à son divin Maître, lui donnait sur les âmes un si admirable empire. Faites-nous trouver dans son filial abandon le secret et comme la moëlle de l'Évangile, dont vous êtes les dispensateurs. Faites de chacun de nous, à son imitation, un pauvre de cœur et d'esprit. Ce n'est pas de l'abondance des biens de ce monde que nous avons besoin, c'est de leur libre et volontaire indigence; mais cette grande science de la croix, nous ne saurions l'apprendre que de vous.

Il n'appartient pas à d'humbles laïques de rompre à leurs frères ce pain de la parole. En acceptant avec respect la mission de raconter la vie de M. Nicolas, prêtre et martyr, nous avons regretté que ce soin fût commis à des mains infirmes, qui n'avaient pour elles ni l'autorité de la science ni celle de l'onction sainte. Il nous semblait, en travaillant à coordonner ces éléments épars d'une existence vouée aux fatigues du sacerdoce et de l'apostolat, toucher témérairement à quelque chose de sacré, et usurper, en quelque sorte, sur les augustes prérogatives du sanctuaire. Dans notre opinion, un prêtre seul pouvait dignement parler d'un prêtre, un saint pouvait seul faire connaître un saint. Mais, quelle que fût à cet égard notre conviction, et quelque conscience que nous eussions de notre faiblesse, ne pouvant nous excuser, nous n'avons consulté que le devoir et nous avons humblement obéi. Notre part, au reste, est fort petite dans ce travail, et nous ne craignons pas qu'elle y cause trop de préjudice. La gravité des témoignages, les suffrages de nos saints Évêques, les leçons de nos pasteurs, la piété des fidèles suppléeront avec les bénédictions de Dieu, nous en avons la confiance, au caractère et au talent dont nous sommes dépourvu.

APPENDICE.

Extrait du registre des délibérations de la Fabrique de l'église succursale de Thury - Saint - Baudier.

PROCÈS-VERBAL

De la translation des cendres du vénérable abbé Antoine Nicolas, de l'Evêché de Metz à Saint-Baudier, sa paroisse.

L'an mil huit cent quarante-huit, le seize octobre, ont été transférés de l'Évêché de Metz, les restes de la dépouille mortelle du vénérable abbé Antoine Nicolas, né à Vatimont le 22 septembre 1744, successivement vicaire de Han-sur-Nied et de Haumont, puis curé de cette paroisse (Saint-Baudier) jusqu'à sa mort glorieuse pour la foi le 13 août 1798, pour être, lesdites cendres, déposées dans l'intérieur de l'église, au pied du monument que la libéralité de Monseigneur Paul-Georges-Marie Du Pont des Loges, Évêque de Metz, a fait ériger à la mémoire de ce digne ministre de Jésus-Christ, non moins recommandable par ses vertus que par son zèle infatigable à soutenir les intérêts de la religion dans un grand nombre de paroisses durant les jours mauvais qui désolèrent sa patrie.

La cérémonie de cette translation ayant été annoncée dans les paroisses environnantes, en avait amené un grand nombre de fidèles, malgré le mauvais temps et le grand âge de plusieurs. Elle s'est ouverte à dix heures. Le clergé, précédé de la croix, des jeunes gens et des jeunes filles vêtues de blanc, accompagné d'une nombreuse suite, s'est avancé processionnellement jusqu'à l'entrée du village, au-devant de la voiture qui rapportait dans cette paroisse les restes de son vénérable pasteur. Déposés sur un brancard que portaient quatre des anciens du lieu, et que les échevins escortaient avec des flambeaux, le célébrant, M. Gilbrin, curé de Saint-Vincent, archiprêtre du premier canton de Metz, a entonné les Laudes, et le cortége s'étant mis en marche est rentré à l'église. Après ces prières, M. l'archiprêtre est monté en chaire pour donner aux assistants lecture du procès-verbal d'exhumation des cendres d'Antoine Nicolas, dressé en mil huit cent neuf par ordre de Monseigneur Jauffret, Évêque de Metz, et qui lui avait été remis par Monseigneur Paul-Georges-Marie Du Pont des Loges, occupant aujourd'hui le même siége. Ledit procès-verbal est conçu en ces termes :

« L'an mil huit cent neuf, et le trois du mois de juillet, Nous, Gaspard-Jean-André-Joseph Jauffret, Evêque de Metz, baron de l'Empire, aumônier de Sa Majesté impériale et royale, membre de la Légion d'honneur, avons reçu en dépôt une caisse en bois de chêne, de deux pieds dix pouces de longueur, sur un pied de largeur, garnie en dedans de soie rouge, laquelle nous a été remise par Anne-Marguerite Mussot, supérieure de l'hospice de Bon-Secours à Metz, et Marie Céré, sœur hospitalière du même hospice. Cette caisse renferme les précieux ossements d'Antoine Nicolas, ancien curé de Saint-Baudier, de ce diocèse, et natif de Vatimont, même diocèse, lequel avait souffert la mort pour la cause de Jésus-Christ dans le temps de la révolution, le treize août mil sept cent quatre-vingt-dix-huit.

» Voulant nous assurer de l'authenticité de ces

précieux restes, nous avons interrogé lesdites sœurs sur les témoignages qu'elles avaient à nous en donner.

» Elles nous ont déclaré que M. Antoine Nicolas, après avoir été immolé, avait été inhumé dans le cimetière dit de *la Belle-Croix*, situé hors de la porte des Allemands de cette ville, à une profondeur assez considérable; que la bière dans laquelle il avait été inhumé, avait été remplie de chaux; que depuis cette époque, lorsque le culte divin avait été rétabli, la sœur Anne-Marguerite Mussot, sœur utérine dudit sieur Antoine Nicolas, avait constamment désiré ravoir les restes précieux de son frère; que les fossoyeurs dudit cimetière avaient promis que quand, par le fait des inhumations journalières, ils seraient parvenus à ouvrir les fosses dans le lieu où ils présumaient que le corps d'Antoine Nicolas avait été inhumé, ils feraient des recherches pour le retrouver, et qu'étant parvenus à ouvrir le sol dans ce lieu, ils auraient en effet rencontré une bière où il s'était conservé de la chaux, ce qui leur avait annoncé que là reposait le corps qu'ils cherchaient; qu'ils étaient venus à l'instant en rendre compte à ladite sœur supérieure; qu'en conséquence ladite Anne-Marguerite Mussot, supérieure, la sœur Françoise Adam, la sœur Anne-Marie-Louise Lallemand et Marie-Anne Buvange, accompagnées du sieur Dominique Prévost, prêtre et vicaire de la paroisse Sainte-Ségolène, et de François Bugnet, domicilié en cette ville, ainsi que de dame Marguerite Didon, veuve Sénières, se seraient transportées le dimanche vingt-cinq juin, sur les trois heures après midi, conduites par les fossoyeurs, et qu'arrivées vers le milieu du cimetière et à l'endroit désigné par les fossoyeurs, ceux-ci auraient éloigné avec les mains et avec une pelle la chaux qui couvrait la tête de la bière qu'ils avaient découverte. Le premier effet de ces recherches aurait été de retirer quelques ossements et la cravate de soie que portait Antoine Nicolas au moment de sa mort. Cette cravate s'était conservée de manière à ne pouvoir se déchirer; elle était nouée, et le nœud reste encore; elle est seulement noircie; on y aperçoit encore les raies des couleurs; elle a été reconnue par Marie-Anne Buvange, qui la lui avait donnée, et qui, d'après la nouvelle de la découverte du corps, avait assuré que cette cravate pourrait être un témoignage d'authenticité.

» Le mardi suivant, le sieur Scharff, menuisier en cette ville, et les personnes ci-dessus dénommées, excepté la sœur Anne-Louise Lallemand, s'étant transportés au même lieu à une heure après midi, un fossoyeur présent, toute la bière a été mise à découvert ; tous les ossements ont été bien et soigneusement retirés et recueillis dans des serviettes.

» On a, de plus, trouvé dans la bière : 1° une petite plaque de ferblanc, qui y avait été déposée à l'époque de l'inhumation pour conserver le nom de l'honorable victime ; mais cette plaque, rongée à tous ses bouts par la chaux et la rouille, ne présente plus aucun signe d'écriture ; 2° l'écritoire que portait toujours avec lui Antoine Nicolas ; dans l'écritoire, qui est de cuir, est renfermée une petite bouteille à contenir de l'encre, laquelle bouteille est bien conservée, ainsi que le bouchon ; 3° les deux souliers de cuir et deux boutons de cuivre servant à assurer les tirants ; 4° les restes de ses vêtements, mais presque détruits, et dans un reste de poche une pièce de monnaie valant quinze sols ; 5° un peigne à son usage, rongé dans toutes ses pointes.

» Première preuve : le témoignage des fossoyeurs qui avaient inhumé le corps.

» Seconde preuve : la chaux déposée dans la bière, plus grande que les bières ordinaires, et dont on n'avait fait usage qu'en cette circonstance, pour détruire jusqu'au moindre vestige les restes précieux du vénérable ecclésiastique.

» Troisième preuve : la profondeur de la fosse, creusée plus avant que les fosses ordinaires pour le même motif.

» Quatrième preuve : la cravate de soie, nouée, et reconnue par ladite Marie-Anne Buvange.

» Cinquième preuve : les souliers à boutons de cuivre tels qu'Antoine Nicolas en portait à cette époque.

» Sixième preuve : la circonstance que le mort avait été mis dans la bière avec ses souliers, ce qui ne se pratique pas ordinairement. Les os des doigts d'un pied étaient encore dans un soulier.

» Septième preuve : une pièce de monnaie trouvée dans un reste de poche.

» Huitième et neuvième preuves : son peigne et son écritoire.

» Dixième preuve : le crâne fracassé ; seulement une partie de ce crâne, parce que les autres parties en avaient été recueillies par des personnes pieuses, et que nous-même avons été dépositaire de l'un de ces os.

» De telle sorte qu'il nous est démontré véritable que ce sont ici les restes précieux d'Antoine Nicolas, prêtre, ancien curé de Saint-Baudier, près de Metz. Nous les recevons en dépôt comme tels, et ensemble une grande partie de la cravate, l'autre partie ayant été divisée entre plusieurs personnes par Marie-Anne Buvange.

» Les ossements sont dans la caisse susdite, recouverte de soie rouge. L'écritoire, les souliers, la cravate, le peigne, sont renfermés dans une petite boîte de hêtre; la pièce de monnaie au fond; le tout recouvert de papier. La boîte est déposée sur la soie qui couvre les ossements.

» Et ont signé les personnes désignées dans le présent procès-verbal, excepté Marie-Anne Buvange, qui a déclaré ne savoir écrire.

» Donné à Metz, sous notre seing, le sceau de nos armes et le contre-seing du secrétaire de notre Évêché, les jour, mois et an que dessus, et avons également scellé de notre dit sceau la caisse dont s'agit.

Signé : G.-J. ANDRÉ-JOSEPH, *Évêque de Metz.*

Par mandement :

Signé : SAUCE.

A la suite du procès-verbal de l'Évêché est écrit ce qui suit :

PAUL-GEORGES-MARIE DU PONT DES LOGES,

Par la miséricorde divine et la grâce du Saint-Siége Apostolique,

ÉVÊQUE DE METZ,

Dans l'intention d'honorer les précieux restes de M. Antoine Nicolas, ancien curé de Saint-Baudier, mis à mort pour la foi le 13 août 1798, et voulant d'ailleurs donner aux habitants de Saint-Baudier un témoignage de notre bienveillance particulière, nous avons remis aujourd'hui entre les mains de M. Nicolas-Pierre Dufour, actuellement curé de cette paroisse, la caisse dont il est fait mention dans le procès-verbal ci-dessus, et en avons prescrit le dépôt dans l'église de Saint-Baudier, où nous avons fait élever un modeste monument qui rappellera aux fidèles de cette paroisse les leçons et les exemples du pasteur dont la vie a été si sainte et la mort si glorieuse.

A Metz, le seize octobre mil huit cent quarante-huit.

Signé : † PAUL, Év. de Metz.

Cette lecture terminée, M. Noirjean, curé de Maizières, remplissant l'office de préfet de chœur, a entonné l'Introït *pro defuncto sacerdote*, et la messe, qui fut chantée par M. l'archiprêtre, assisté dans l'office de diacre et sous-diacre par MM. les curés de Hautconcourt et d'Argancy, a commencé. Après l'Évangile, le curé de Saint-Baudier a pris la parole et a retracé, dans un discours simple et pathétique, la vie de son vénérable prédécesseur, depuis son entrée dans la paroisse jusqu'à sa mort si sainte et si glorieuse.

Le saint sacrifice fut offert, et pendant les obsèques une seconde messe fut célébrée par M. Durmin, curé de Talange, qui avait été baptisé par notre saint prêtre Antoine Nicolas.

Après la cérémonie, la caisse qui renfermait les précieuses dépouilles du vénérable abbé n'ayant pu aussitôt être déposée au lieu qui lui était destiné, parce que l'excavation n'avait pas les dimensions suffisantes, demeura exposée dans l'église, et les fidèles y vinrent pendant le reste de la journée faire toucher leurs livres de piété, des chapelets, des médailles, du linge même. Deux jours après, ladite caisse, renfermée dans une seconde en bois de sapin, fut placée sous une dalle de l'avant-chœur, au pied du monument érigé par Mgr l'Évêque, par nous, curé de la paroisse, Dominique Duval, échevin, Dominique Poinsignon, menuisier : tous domiciliés à Saint-Baudier.

Et nous avons desdites translation et déposition dressé le présent procès-verbal le dix-huitième jour du mois d'octobre de la présente année mil huit cent quarante-huit.

Signé : N.-P. Dufour, Curé.

TABLE.

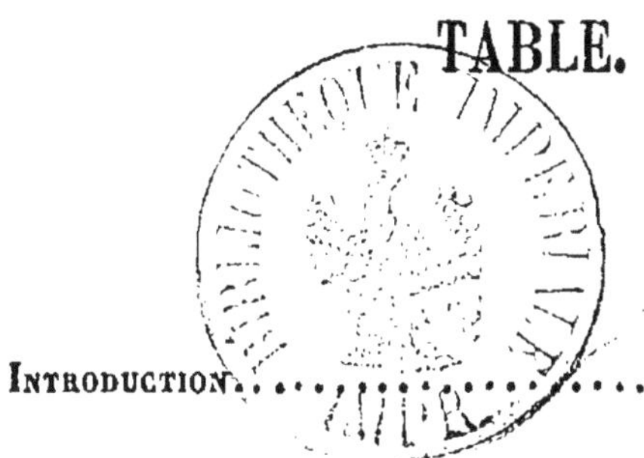

Chapitre III.

Chapitre IV.

Chapitre V.

Chapitre VI.

CHAPITRE VII.

CHAPITRE VIII.

CHAPITRE IX.

CHAPITRE X.

CHAPITRE XI.

CHAPITRE XII.

www.ingramcontent.com/pod-product-compliance
Ingram Content Group UK Ltd.
Pitfield, Milton Keynes, MK11 3LW, UK
UKHW021126220726
13924UKWH00004B/1934

9 782329 099866